I0378104

www.ingramcontent.com/pod-product-compliance
Lightning Source LLC
Chambersburg PA
CBHW071421070526
44578CB00003B/641
* 9 7 8 1 9 8 9 8 8 0 5 2 4 *

بنام عشق

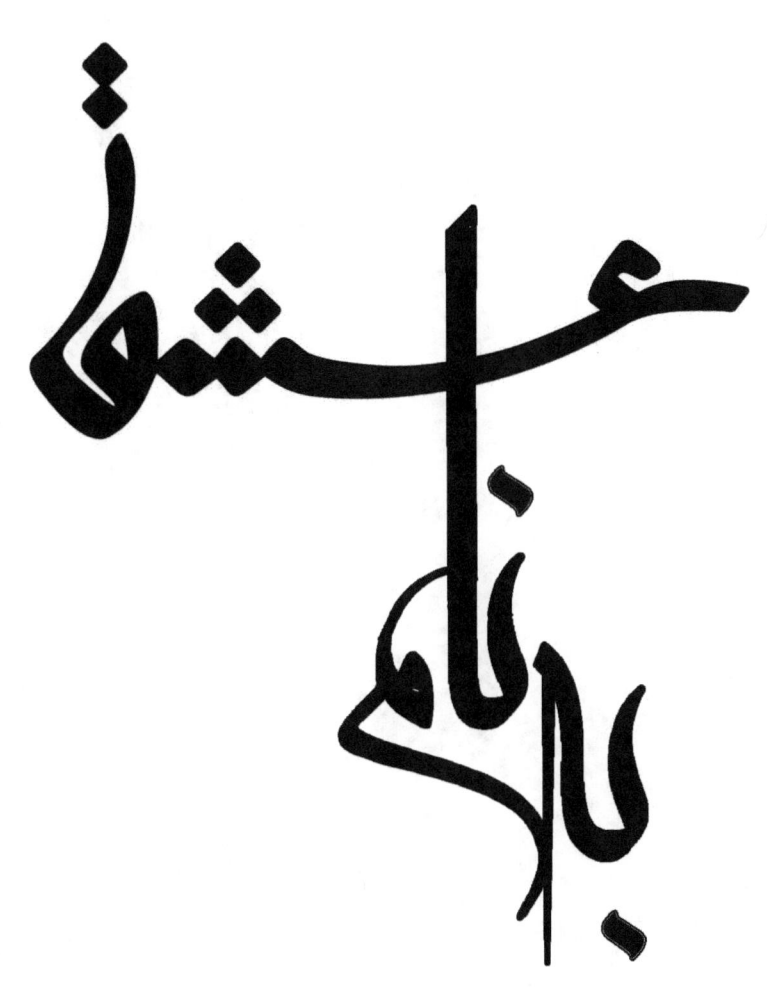

راز افتادن سیب

نویسنده
اکبر کوراوند

نوامبر ۲۰۲۱
خانه انتشارات کیدزوکادو

سلام هم زبان

دستیابی ایرانیان مقیم خارج از کشور به کتاب های بسیار متنوع و جدیدی که به تازگی در ایران نگاشته و چاپ می شود، محدود است. ما قصد داریم این خدمت را به فارسی زبانان دنیا هدیه دهیم تا آنها بتوانند مانند شما با یک کلیک در آمازون یا دیگر انتشارات آنلاین کتاب هایی در زمینه های مختلف را خریداری کنند و درب منزل تحویل بگیرند.

خانه انتشارات کیدزوکادو تحت حمایت مجموعه آموزشی کیدزوکادو این افتخار را دارد تا برای اولین بار کتاب های با ارزش فارسی را که با زبان فارسی نگارش شده است از شرکت های انتشاراتی بزرگ آن لاین مانند آمازون و ایی بی بارنز اند نابل و هم چنین وبسایت خود انتشارات در اختیار ایرانیان مقیم خارج از ایران قرار دهد.

از اینکه توانستیم کتابهای جدید و با ارزشی که به قلم عالی نویسنده گان و نخبگان خوب ایرانی نگاشته شده است را در اختیار شما قرار دهیم بسیار احساس رضایتمندی داریم

این کتاب ها تحت اجازه مستقیم نویسنده و یا انتشارات کتاب صورت گرفته و درآمد حاصله بعد از کسر هزینه ها، به نویسنده پرداخته می شود.

خانه انتشارات کیدزوکادو در قبال مطالب داخل کتاب هیچگونه مسئولیتی ندارد و صرفاً به عنوان یک پخش کننده است.

و شما خواننده عزیز ما را با گذاشتن نظرات در وب سایتی که کتاب را تهیه کرده اید به این کار فرهنگی دلگرمتر کنید.

سریال کتاب: P2145110034

سرشناسه :KRV ۲۰۲۱

عنوان: راز افتادن سیب

زیر نویس عنوان: رد نظریه نیوتن در مورد تأثیر جاذبه زمین

نویسنده: اکبر کوراوند

شابک کانادا: ISBN 978-1-989880-52-4

موضوع: خودشناسی، فلسفه ، عرفان، علمی

مشخصات کتاب: سایز ۵.۸۳ در ۸.۲۷

تعداد صفحات : ۱۱۰

تاریخ نشر در کانادا: نوامبر ۲۰۲۱

تاریخ نشر اولیه: ۱۳۹۸

Kidsocado Publishing House

خانه انتشارات کیدزوکادو

ونکوور، کانادا

تلفن: +۱ (۸۳۳) ۶۳۳ ۸۶۵۴

واتس آپ: +۱ (۲۳۶) ۳۳۳ ۷۲۴۸

ایمیل: info@kidsocado.com

وبسایت انتشارات: https://kidsocadopublishinghouse.com

وبسایت فروشگاه: https://kphclub.com

آن چه در این کتاب ارزشمند می‌خوانید:

۱. رد نظریه‌ی نیوتن در مورد تاثیر جاذبه زمین
۲. کشف راز افتادن سیب
۳. کشف راز منشأ جاذبه‌ی زمین و نوع عملکرد آن
۴. کشف راز مثلث برمودا
۵. کشف راز نیروی حقیقی میان سیارات
۶. کشف راز نیروی حقیقی میان سیارات و خورشید

۷. قانون کوراوند
۸. کشف راز اهمیت بودن ماه برای زمین
۹. کشف راز اصلی جزر و مد
۱۰.کشف راز منشأ زلزله
۱۱.کشف راز علت بوجود آمدن لایه‌ی ازن
۱۲.کشف راز منشأ بوجود آمدن سیاه چاله و ارتباط آن با درون سیارات و خورشید
۱۳.راز تشابه خلقت جهان هستی با بدن انسان
۱۴.رد نظریه انیشتین در مورد عملکرد نیروی بین سیارات
۱۵.کشف راز هوا
۱۶.کشف راز چگونگی به وجود آمدن سیارات و خورشید
۱۷.کشف راز علت کروی بودن سیارات و خورشید
۱۸.کشف راز کمربندهای سیارکی
۱۹.کشف راز علت متعدد بودن قمرهای سیارات
۲۰.کشف راز علت به وجود آمدن حلقه های زحل و اورانوس
۲۱.کشف راز اهمیت بودن پلوتون در منظومه شمسی
۲۲.کشف راز علت حجم و فاصله سیارات از هم و از خورشید
۲۳.کشف راز علت چرخش سیارات به دور خورشید
۲۴.کف راز علت چرخش سیارات به دور خود
۲۵.کشف راز علت برعکس بودن چرخش زمین به دور خود نسبت به چرخش زمین به دور خورشید

۲۶. کشف راز علت برعکس بودن چرخش ناهید به دور خود

۲۷. کشف راز کج بودن حرکت برخی از سیارات به دور خود

۲۸. کشف وزن حقیقی اجسام

۲۹. کشف راز علت هم‌سطح نبودن مدار پلوتون و عطارد در صفحه مدار سیارات

۳۰. رد فرضیه داروین

۳۱. رد فرضیه انفجار

۳۲. علت به وجود آمدن بن‌بست علمی و اشتباه دانشمندان

۳۳. نظریه در مورد حرکت چرخ و بشقاب پرنده

۳۴. آغاز و پایان جهان کیست؟

۳۵. نامه عشق

۳۶. حلقه هیچ

بنام آنکه مرا آفرید
راز افتادن سیب

سلام خداوندی که مرا آفریده ای. ممنونم بابت امروز که به من بخشیدی ـ برای قلمی که در دستانم گرفته‌ام، برای دنیایی که می‌بینم، برای صداهائی که می‌شنوم، برای ایمانم به تو، در زمانی که دعا می‌کنم. و حس می‌کنم وجودت را، حضورت را و گرمای آرام بخش تو را پس، تو را شکر می‌گویم.

همیشه هستی و خواهی بود. تو را دوست دارم چون زندگی من هستی و در تمام سالیان عمرم درتمام بی‌کسی ها، آغوش تو برایم گشوده بود وهست و خواهد بود تا ابد الآباد.

عشق خدا به ما، همانند بارش باران است، کاسه‌ات را بردار، سهم امروزت از عشق خدا در این است که بدانی خدا عاشق بی‌نیاز توست. این را بدان، گناه، تو را از خدا جدا می‌کند، اما هیچ کس، هیچ چیز و هیچ قدرتی هرگز نمی‌تواند خدا را از تو جدا کند. خدا را سپاس برای نگارش این کتابم.

تمامی نوشته‌هایم، زائیده شده از درون من است، از بابت سالهای پر دردم و حاصل طردشدن از انسان‌ها و نزدیک شدن‌هایم به خداست. امید که بفهمیم خدا عاشق ماست. عشقی بدون قید و شرط ...

اکبر کوراوند دی ماه هزار و سیصد و نود و شش

من و قلمم بی‌ادعا هستیم به آنچه می‌آید اما بی‌نام نخواهیم ماند.

چند روز است که در حال فکر کردنم به انسانها، حیوانات، کهکشان‌ها و روابطشان با هم.

به القاب انسان‌ها به کسانی که برای چند مدرک کاغذی: خود را بالاتر از دیگران می‌پندارند....

گویا چشم‌هایشان دیگر همانند دوران کودکی، رنگین‌کمان را نمی‌بیند، هفت رنگ را فراموش کرده‌اند و دنیا را سیاه و سفید می‌بینند. هر که هم رتبهٔ آنهاست سفید است و دیگران سیاه ...

پس چقدر از هم دورند آنان که در تاریکی‌اند و آنان‌که در سفیدی‌اند ...

بگذریم ...

جلسهٔ شورای دانشمندان جهان، تا دقایقی دیگر برگزار می‌شود...

قلبم به تپش افتاده است از حضور در چنین مکانی و می‌دانم که خدا با من است. یاد گرفته‌ام اعمال و داشته‌های دیگران را از خودشان جدا کنم اما می‌دانم چقدر سخت است به کسانی که باور کرده‌اند گرگ ، همان سگ است لاشه‌های گوسفندان را نشان دهم و آنها هرگز این لاشه ها را نمی‌بینند. باورهای انسان آنچه را باور دارد راه می‌دهد همانند شیشه‌های خانه‌ات، کبوتر را می‌بینی اما دریافت نمی‌کنی چون میان تو و او ... حجاب شیشه ای ست .

عاشقان، کور چشم هستند و متعصبان، کور فهم ...

ولی به یاد جمله‌ای از کتاب غواصان در خاک زنده‌اند افتادم:

اتحاد تو و ایمانت نابودکنندهٔ اتحاد مخالفان توست.

یاد گرفته‌ام در میدان بازی بر طبق آنچه دارم بازی کنم نه آنچه می‌بینم.

انسان ترسو دائماً داشته‌های دیگران و نداشته‌های خود و انسان با ایمان دائماً داشته‌های خود و نداشته‌های مردم را می‌بینند. اولی برای دریافت کردن زندگی می‌کند و دومی برای بخشیدن.

می‌دانم و ایمان دارم آنچه می‌گویم درست است، پس دیگر نگران نوع برخوردهای دیگران نیستم. هر انسانی اگر خواهان رشد است باید گوش‌هایش را بر روی شنیدن صدای انتقادکنندگانش باز کند. همهٔ تشویق کنندگان تو همسوی رود تو شنا می‌کنند و تنها مخالفان تو هستند که بر ضد تو به سمت

هجوم می‌آورند. این فاصله ما بین تو و مخالفانت ... هوشیاری توست نه برای سرکوب کردن بلکه برای رشد کردن ... فکرم دائماً سوالاتی را که می‌خواهند بپرسند جستجو می‌کند اما می‌دانم قبل از پا نهادن در هر مسیری باید چاله‌های آنرا تصور کنی نه برکات آنرا... انسانی که پایش شکسته طالب برکت نخواهد بود ...

صدای بلندگو را می‌شنوم .... آقای کوراوند ... لطفاً وارد شوید...

آه خدایا، دلم پر از آشوب است، آیا چه می‌شود، گویا وارد کوره می‌شوم، کوره‌ای با هزار چشم برای آب کردنت ... اما مهم نیست چون می‌دانم خدا با من است ...

می‌دانم کامل نیستم ولی می‌خواهم در مسیر کامل شدن گام نهم ... جوجۀ عقاب اگر قرار نبود عقاب شود در لانه‌ای برفراز قله ها نبود ...

آه خدایا ... گویا بوی مدارکشان را حس می‌کنم، ممنونم که با منی، البته همیشه بودی و هستی و خواهی بود تا ابد ... لطفاً خداوندم: کمکم کن در این مکان خودم باشم نه دیگری که آنها می‌خواهند، هرگز نمی‌خواهم برای کسی دیگر از تو جدا شوم، دستانم را به دستان تو می‌دهم و گام برمی‌دارم ... درب را باز کردم ... ولی نفس‌هایم ... صدا ... لطفاً بنشینید ...

من نشستم، سالن بزرگی دیدم که پر بود از دانشمندان عالی رتبۀ جهان، پیر و جوان، مرد و زن، با لباسهای شیک و مجلسی، ...

صدا: آیا شما، اکبر کوراوند هستید؟

من: بله، خودم هستم.

صدا: آیا شما ادعا کرده‌اید افتادن سیب از درخت، به خاطر نیروی جاذبۀ زمین نیست؟

من: بله همین‌طور است ...

حضار... صدای همگی بلند شد... چه می‌گوئی... اوکیست که چنین گستاخی می‌کند... ما او را نمی‌شناسیم ...

به یاد گالیه افتادم و مظلومیت او را چشیدم، اما می‌دانم خداوند کنار من است و من در جائی هستم که او می‌خواهد پس من پیروز هستم حتی قبل از شروع ...

انسان با خدا قبل از فتح قله ... فتح کنندهٔ قله هاست...

لبخند زدم ... خوشحالم ...

صدا: آقای کوراوند ... لطفاً مدرک دانشگاهی خود را بیان کنید.

من: دیپلم ریاضی هستم.

حضار... همگی خندیدند .... و گفتند : همین را کم داشتیم ... شاگرد به استاد تعلیم دهد ... وای بر علم ... فرد صدا کننده نیز متعجب شده بود اما به خاطر نوع جایگاهش با رفتار مؤدبانه مرا خطاب کرد... صدا ... چگونه شما دیپلم هستید و این چنین ادعائی بزرگی می‌کنید؟ یعنی همهٔ کسانی که اینجا هستند نمی‌فهمند و تو می‌فهمی؟ هیچ کدام از ما تا به حال ... جرأت نکرده این‌چنین ادعائی بکند؟ ...

یادم افتاد که با هر کس در این مورد صحبت کردم یا مسخره‌ام کرد و ردم کرد یا گفت دلم روشن است و فقط همین ...

به راستی که بزرگی انسان‌ها در کمک کردن به یکدیگر است ...

یک استاد فیزیک به من گفت اگر بخواهم نوشته‌های تو را قبول کنم باید تمام آنچه را که تاکنون آموخته‌ام فراموش کنم، پس چطور باور کنم و بپذیرم ... آری ... باور ...

باور یک کلمه است اما چقدر درونش عظیم است... تو همانی که باورت می‌گوید....

هرکس، دیگری را باورکرد شاگرد و بندهٔ اوست، هرکس باوری را قبول کرد غلام باور می‌شود و باور ساز، خدای او ...

یادم افتاد به دیگران سخنها می‌گفتم (راست یا دروغ)، اما مهم این بود که بعد از سخنم رو به آنان می‌کردم و می‌گفتم... باورکن که من راست می‌گویم... و در پی این بودم او را به بردگی خود بکشانم ... و خود، خدای او شوم ...

دنیا، دروغ‌هایش را خوش لباس‌تر، زیباتر، مؤدبانه‌تر، با شخصیت‌تر، باوقارتر و بزرگتر نشان می‌دهد تا تو را مجبور کند آنها را باور کنی.

از خوبی‌های خود می‌گوید و از بدی دیگران در حقش سخن می‌گوید تا تو را به چالش مظلومیت او بکشاند. گاهی تواضع و فروتنی اش... او را جایگزین خدا می‌کند برای تو ...

آرام آرام ... کم‌کم ... نم‌نم ... به درون قفس باورهایش خواهی رفت همانند پرنده‌ای که اسیر دانه‌های زیبا و وسوسه انگیز بیرون قفس تا به درون قفس می‌شود و بعد از اسارت: آرزوی آزادی دارد ... وقتی باخدا بودن یا بی‌خدا بودن انسانی را پذیرفتی و باور کردی، دیگر هر چه بگوید و هر چه انجام دهد او را به دید باورت می‌بینی. دیوانه هرآنچه سخن پرحکمت بگوید باورش نمی‌کنند که سالم است اما انسان عادی را هر آنچه بگوید دیوانه اش نمی‌پندارند.

باورهای تو حجاب‌های شیشه‌ای درون تواند، حجاب تاریک، دیدگان تاریک می‌سازد و حجاب روشن، دیدگان روشن...

کلید قفل اتاق باور هر انسانی فقط در دستان خود اوست. پس روبروی باورهایت یک علامت سؤال بگذار و جستجوگر باش. تمامی مشکلات و سختی‌ها برای افشاءکردن باورهای نادرست است تا جایگزینش باورهای آسمانی و خدائی شود و انسانی که باورش خداست بر هر چه مشکل و سختی ست موج سواری می‌کند...

آیا به راستی باور تو از درستی و نادرستی چیست ؟ بد و خوب چیست؟

ارزش انسان‌ها به چیست؟ معتاد حقیقی کیست؟
هر کس که به داشته‌های خود اعم از مدرک، ثروت، مقام و قدرت فخر کند و باور کند که ارزش او به این داشتن‌های اوست، او معتاد حقیقی ست کسی که معتاد مواد مخدر است از زشتی رخسار خود و رفتار بد دیگران با خود، پی به بدی راه خود می‌برد و درصدد اصلاح خویش برمی‌آید اما کسی که به داشته‌های خود معتاد شود هرگز پی به بدی راه خود نخواهد برد چون دیگرانِ فرصت طلب، دائماً در حمد و ثنا گفتن اویند زیرا هر روز لباسشان فاخرتر می‌شود و درونشان فاسدتر ...
این انسان، خدا و بت دیگران می‌شود پس سقوط خواهد کرد و دیگر فرصت برخاستن نخواهد داشت ... چقدر تنهاست انسانی که نزدیکانش او را به خاطر داشته هایش دوست بدارند.
اگر غواصی صدف را بردارد و مروارید را دور بیندازد چه می شود؟ و بدتر از آن اگر صدف... ارزش خود را به سفیدی صدف ببیند نه مروارید درون... چه می شود؟
بگذریم ...
من... صدایم را بلند کردم و با تمام ایمانم گفتم: آیا اگر سیب افتاد و جرقهٔ نیروی جاذبه در سر نیوتن افتاد به خاطر مدرک عالی رتبه‌اش بود؟ آیا انیشتن در کودکی کند ذهن نبود؟ آیا همه از او ناامید نبودند. آیا در آن زمان بهتر از نیوتن نبوده با مدارک عالی رتبهٔ بالاتر ...؟ اگر کتابی را باور کنید همه آن را باورکنید نه فقط آن قسمت که بر طبق باور درون شماست... انسان مغرور نیمهٔ خالی دیگران را مسخره می‌کند تا نیمهٔ پر خود را اعلام کند و بالاتر رود ... اما به کجا ... اگر تمام ارزش شما به دانش شماست برایتان بسیار متأسفم و برای شاگردانتان بسی متأسف تر ...
ارزش بوتهٔ گل سرخ به گل سرخ زیبایش نیست

بلکه به مجموعهٔ آن است که سازندهٔ گل‌های سرخ زیباست ...
آرتور شوپنهاور در مورد شما بسیار زیبا سخن گفت ...
دانشمند آن است که چیزها آموخته، نابغه کسی است که از وی چیزها می‌آموزیم که خود هرگز از کسی نیاموخته است.
ونیز گفته است... هر حقیقت از سه مرحله عبور می‌کند اول ... مورد تمسخر واقع می‌شود ... دوم ... به شدت با آن مخالفت می‌شود ... سوم ... به عنوان یک امر بدیهی مورد پذیرش واقع می‌شود... البته باید بگویم نیوتن یک نابغهٔ دانشمند بود نه دانشمند نابغه ...
ریاکار از درون یک رنگ است و در بیرون به رنگ دیگر. از درون خالی است و از بیرون ادعای پر بودن. اگر به تاریخ نگاه کنیم اکتشافات علمی مفید، به خاطر لطف خدا بود که یک علامت سئوال در ذهن همهٔ آنها ایجاد کرد ... که چرا و به چه علت ...
مثل کشف پنی سیلین و ...
اگرکشفی بزرگ و مفید اتفاق افتاد به خاطر الهام خدا بوده است نه شعور و دانش بشری ...
دانش، آنچه هست را بیان می‌کند و الهام، آنچه نیست را ...
علم از خدا جدا نیست بلکه ثابت کننده حضور خداست.
اگر تو یک دانشمند هستی بدین خاطر است که تنها ذره‌ای از جهان را شناخته‌ای ، شاید در مقابل دیگران ، بسیار می‌دانی اما در مقابل آفریدگار ... هیچ نمی‌دانی پس برای سرپوش نهادن بر هیچ ندانستنت نزد خدا ... خدای دیگران مشو ... انکار خدا، ادعای خدا بودن است ...
هرچقدر میزان علمت بیشتر شود باید به آفریدگار توانا نزدیکتر شوی اما غرور، تو را از خدا دور می‌کند و باعث دور شدن دیگران از خدا خواهی شد.
به شما بگویم که من حتی چند درس خودم را با تقلب قبول شده‌ام .

چندین سال در اعتیاد زندگی کردم اما اینک خداوند آفریدگار قادر مطلق مرا بلند کرده‌است ...

من همانند کود شیمیایی درون پارک بودم که هر کس از کنارم می‌گذشت از من فاصله می‌گرفت تا بوی بد من او را آزار ندهد اما اینک دارای گل‌های زیبای پارک هستم و هر کس برای دیدن این گلها، نزدم می‌شتابد.

می‌دانی بزرگترین رشد تو چیست؟ این است که بدانی بدون خداوند هیچ چیز نیستی و نخواهی بود. می‌خواهم همهٔ دنیا، هم خوبی و هم بدی مرا ببینند تا رد پای خدا را در من پیدا کنند. اگر خداوند برای من این چنین کرد چقدر برای دیگران آنچنان خواهد کرد.

اگر فقط خوبی‌های مرا ببینند از بدی شان ناامید می‌شوند و از خدا دلگیر ولی اینک شکرگزار خداوندند چرا که می‌دانند اگر برای من شد حتماً برای آنان نیز کرده خواهد شد.

من خودم را یک نابغه می‌دانم نابغه‌ای که محصول دست خداست و بس ... ای کاش در دانشگاه این گونه تدریس می‌شد، که همهٔ دانشجویان، جائی باشند که خدا می‌خواهد یعنی بر طبق استعداد درونشان نه آن که جائی باشند که دیگران می‌خواهند بر طبق پول، مدرک و مقام ... باید به آنها تدریس شود که خودشان باشند نه دیگری ...

چقدر زندگی آرام و لذت بخش و شکوفاست برای انسانی که در جای خویش قرار دارد.

همه چیز شده کپی، تکراری و مدرک گرائی و ... شاگردان، سخنان استاد خود را تکرار می‌کنند... همه می ترسند خودشان باشند ...
چرا ...؟

اگر مدرک، ارزش شد کاشته نمی‌شود تا رشد کند همانند کسی که دانه را می‌خواهد نه محصول دانه را.

آنها دنیا را سیاه و سفید می‌بینند دیگر خبری از بوی کاهگل نیست همه آرزوی شهر رفتن دارند و شهر نشین در آرزوی بالانشین است ولی نمی دانند آرزوی بالانشین استشمام بوی کاهگل است ... چقدر اندکند کسانی که در این شورا ... در جای خود نشسته‌اند ... اگر شهرت ملاک نبود چقدر اکنون صندلی‌ها خالی بود...

شاید خیلی از شما قرار بوده آشپز بزرگی شوید اما چرا اینجائید؟ هر کس مروارید را نشناسد بدنبال صدف سفید است... خیلی کم هستند کسانی که دوست دارند خودشان باشند. بچه‌ها درحسرت بزرگ شدن هستند و بزرگان در حسرت، دوران کودکی‌شان... مشکل کجاست... اگر به کودکت یاد ندادی خودش باشد او در حسرت بزرگ شدن خواهد بود...

بزرگترین انسان‌ها ... ساده‌ترین آنهایند و گاهی آنقدر ساده که آنها را نمی‌بینیم

این همه صبح تا به شب، از پی القاب تن گر زدلت حاکمی، حاکمی از سر بکن

همگی ساکت شدند ... سکوتی به عمق درونشان... به چشمانشان نگاه می‌کنم چقدر شک کرده‌اند انگار سخنانم باعث شده پوستهٔ حجابشان ترک بردارد وای کاش می‌شکست تا بیرون بیایند و خودشان باشند.

مرا نگاه می‌کردند ولی می‌دانستم مرا نمی‌بینند گذشته خود را مرور می‌کردند... راست می‌گفت که ... سخنی کز دل برآید لاجرم بر دل نشیند.

صدا: آقای کوراوند، ما این را می‌دانیم برای اینکه ادعائی بکنیم باید جایگاه، مکان و اطلاعاتش را بدانیم. قبول کردن ادعای شما در مورد جاذبه ... مساوی ست با رد کردن اکثر کتابهای ما، شما عملاً ما را خلع لباس و سلاح می‌کنید و ما را به قبل از دبستان باز می‌گردانید.

پس امیدوارم بدانید چه می‌گوئید و البته می‌شنویم هر آنچه می‌گوئید و ما هیچ سخنی را قبل از شنیدنش رد یا قبول نمی‌کنیم ...

من: درست است هیچ وقت نباید قبل از خوردن ناهار، درمورد ناهار صحبت کنیم که آیا خوب است یا نه ...

چقدر نادان است کسی که خوراک رستوران را فقط به خاطر نام آن بخورد یا لباسی را فقط به خاطر مُد آن بپوشد ...

من همیشه هر آنچه را دوست دارم می‌پوشم و ملاکم سادگی و زیبائی ست چون اگر من لباس را نپسندم پسندیدن دیگران بی‌معناست و برایم بی‌ارزش ...

حضار گرامی: بگذارید اول به داشته های شما رجوع کنم و بیان کنم...

براساس یافته های نیوتن: زمین دارای جاذبه است و این جاذبه بوده که سبب افتادن سیب شده است. او گفت اگر جاذبهٔ زمین نبود هرگز وزنی هم نبود که بتواند جسم را بر زمین نگاه دارد و اگر جسمی به هوا پرتاب شود دوباره به زمین باز می‌گردد به خاطر نیروی جاذبهٔ زمین و این فرمول جاذبهٔ نیوتن است که دو جسم روبروی هم می‌توانند بر هم اثر بگذارند:

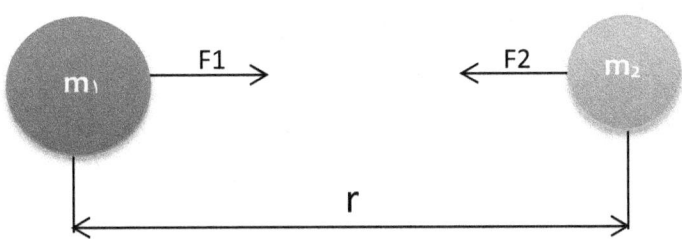

$$f_1 = f_2 = G\frac{m_1 \times m_2}{r^2}$$

یعنی جاذبه کششی ست میان تمام اشیاء به خاطر جرمشان و این جرم یک شیء به مقدار مادهٔ آن است. او گفت به خاطر نیروی جاذبه: هر شیء که نزدیک سیارهٔ زمین باشد به سطوح سیارهٔ زمین خواهد افتاد. اما ای حضار

گرامی: خود نیوتن در آخر گفت که منشأ این نیروی جاذبه قدرت خداست و بس ...

او نتوانست علت اصلی را بیان کند فقط به معلول اکتفا کرد ... حالا من از شما سؤالی دارم: لطفاً به من جواب ندهید بلکه به وجدان خودتان جواب دهید. اگر یک انسان ساده این سخن را می‌گفت و نمی‌توانست برای آن دلیل محکم و ثابتی بیاورد آیا او را مسخره نمی‌کردید؟

آیا حرفهایش را قبول می‌کردید؟ هرگز ...

آیا شما کتب فیزیک خود را بر اساس این نیروی جاذبه بنیاد ننهاده‌اید؟ اگر نیوتن نتوانسته است علت جاذبه را ثابت کند چگونه شما محصول آن را باور کرده اید؟

چگونه تا به شخصی مثل من می‌رسید باید تمام سخنانم را با مدارک اصلی ثابت کنم اما تا به نیوتن می‌رسید رنگ موضوع را عوض می‌کنید؟

چه می کنید؟ ... چه می‌گوئید؟ ... چه ساخته‌اید و برچه چیزی آن را بنا کرده‌اید؟ ... خانۀ خود را بر روی شن وماسه لب ساحل بنا کرده‌اید و ازهر طوفان سؤال و انتقاد در هر اسید هر ایدۀ جدید را پس می‌زنید چون می‌دانید آنچه نیوتن گفت را خودش هم نتوانست ثابت کند. فقط گفت و رفت، اما شما دایه مهربان‌تر از مادر شده اید..؟

آنگونه از این موضوع دفاع می‌کنید که حتی خود نیوتن هم نمی‌تواند حرفی بزند...

بگذارید من حقیقتی را بگویم: هیچ کس نمی‌تواند در مورد تمام عمق و ارتفاع آفریده‌های خداوند... نظربدهد اما می‌تواند برای آنچه می‌گوید دلیل بیاورد. همیشه علم ادامه دارد و بازهست و پر از رمز و راز است ... من می‌دانم که زمین و سیارات و خورشید دارای نیروی جاذبه هستند. اما چیست؟ ازکجاست

به کدام سو جهت دارد؟ علتش چیست؟ محصولش چیست؟ چه فرقی میان بودن و نبودن اوست؟

من می‌دانم اما به لطف خداوند ... فقط و بس ...

اکنون نمی‌خواهم وارد این مقوله بشوم ولی می‌خواهم اکنون در مورد وزن بر زمین صحبت کنم. از شما می‌خواهم به آنچه می‌گویم گوش دهید نه آنچه باورهایتان می‌گوید ...

... به رستوران من خوش آمدید ...

هرچه می‌خواهید سفارش دهید و میل کنید اگر خوب بود پولش را پرداخت کنید و اگر نه... هیچ پولی ندهید... پس لطفاً به آنچه می‌خورید توجه کنید نه آنچه می‌پندارید...

من را با مدارکم نگاه نکنید چون حتماً ناامید می‌شوید من را با آنچه می‌شنوید ببینید.

من همانند شما به مدارکم افتخار نمی‌کنم ... سالهاست از گرفتن مدارک عالی شما می‌گذرد و هنوز به پشت سرتان مفتخرید. انسانی که دیدش به دیروز است امروز و فردا را نمی یابد...

افتخار من به آفریدگار تواناست که خالق تمام زیبائی‌هاست .

ادامه دادم ...

بعد از نیوتن کسانی آمدند و گفتند نیروی بین سیارات و کرات است که سبب جاذبه می‌شود... اما من به مدارک شما رجوع می‌کنم تا بتوانم ادعای خود را ثابت کنم ورد کردن این مدارک توسط شما یعنی رد کردن علم خودتان ...

مشتاقم بعد از بیان سخنانم سؤالات شما را بشنوم چون می‌دانم یافتن جوابهای جدید در شنیدن سؤالات جدید است ...

برطبق گفته‌های شما: هوا دارای وزن است و وزن یک متر مکعب هوا در فشار متعارف و صفر درجۀ سانتی گراد، وزنی برابر $2/1$ kg می باشد. هرچه در ارتفاع

بالاتر رویم فشار هوا کمتر و تراکم هوا نیز کمتر می‌شود. پس تراکم هوا برروی سطح زمین بسیار بیشتر است تا در ارتفاع های زیاد.

ترکیبات هوا:

۷۸٪ نیتروژن + ۲۱٪ اکسیژن + ۱٪ گازهای دیگر

من مطمئنم که این مقدار ترکیبات هوا و این تنوع ترکیبات هوا کاملاً از حکمت و علم خداست.

هوا باعث پدیدار شدن وزن، زندگی و حیات می‌شود . هوا نور را آشکار کرده و حرارت را تولید می‌کند. اما نمی‌دانم چگونه نیتروژن و گازهای دیگر در این اعمال دخالت می‌کنند و خوشحال هستم که نمی‌دانم. من می‌پرسم تا بدانم نه آنکه بخوانم تا بدانم. قرار نیست همه چیز را بدانم اما قرار است تا بیابم. دانستن به فخر فروختن می‌انجامد و پرسیدن و یافتن به داشتنی پر از شادی و مفتخر شدن. سکوت کردم و سکوتشان را دیدم ... تا سکوت نکنی، صدای سکوت را نخواهی شنید...

هر سخن نابود کنندهٔ سکوت است پس خوش آن سخنی که دیگران را به سکوتی پر از تفکر وا دارد... می‌دانستم که منتظرند تا اشتباهات مرا به سویم پرتاب کنند اما مهم نیست چون ایمانم در خداست. نگاهی به خودم و لباس‌هایم انداختم. آنها را دوست دارم، مجلسی نیست اما بر دلم نشسته است. آنها را می‌دیدم با کت و شلوارهای زیبا و اتو کرده همراه با ژست‌های کنترل شده ...

مهم این است که من خودم هستم ... اگر از گفته‌های کسی ناراحت شدی از جنس همان گفته‌ها ... پر هستی ... پس ناراحتی‌ات برای چیست ؟ و اگر کسی تو را بزرگ کرد و لبخند زدی و دانستی که آنچه می‌گوید نیستی پس شادی‌ات برای چیست؟

مغرور بدنبال ایراد گرفتن است و از شنیدن ایراد دیگران سخت دلگیر ... چقدر شاد می‌شود از شنیدن بزرگ گفتن‌های دیگران از او و چقدر سخت است از خوبی‌های دیگران سخن بگوید ...

هر چه دلبستگی‌ات کمتر ... محبت کردن‌هایت بیشتر ...

هر چه به آنچه هستی مفتخر شوی وابستگی‌ات به افتخار دیگران کمتر می‌شود و هر چقدر وابستگی‌ات کمتر شود بیشتر اجازه می‌دهی دیگران خودشان باشند و مطمئناً تو با دیدن آنچه از دیگران می‌بینی بیشتر شاد می‌شوی و ارتباطت ریشه دارتر می‌شود چون خودت هستی.

من تمامی اعضای این شوراء را به دید بچه‌هائی می‌بینم که لباس‌های مدرک‌دار پوشیده‌اند و من آنها را به خاطر خودشان دوست دارم نه القابشان.

راستی چقدر معیار زندگی فرق کرده، هر چه از سادگی دورتر شوی اشتیاقت برای تغییر رنگ دادن بیشتر می‌شود. هرگز بر طبق آنچه دارند ازدواج نکن. آنها ماسک‌های زیبائی هستند که در خانه بر روی تاقچه اند. طلاق محصول ازدواج ماسک‌هاست نه قلبها...

ازدواج پیوند قلب‌هاست نه القاب ...

کسی که با لقب دیگری ازدواج کرد هرگز او را نمی‌شناسد...

چقدر ازدواج‌های امروزی مکان خرید و فروش شده است ... چه داری، چه نداری ... من این را می‌خواهم ... باید این بشوی ... و...

وقتی ازدواج از عشق نباشد چگونه عشق را جاری می‌کند چه برسد به عشق ورزیدن به فرزندان ...

فرزندان همان چیزی می‌شوند که والدین بوده‌اند و اجتماع همان محصولی را از والدین دریافت می‌کند که آنها ساخته‌اند. فرزندان ساخته شدۀ والدین خود هستند.

فرزندان تا ۷ سالگی آنچه می‌شنوند و آنچه می‌بینند را باور می‌کنند و وقتی ظرف باورشان پر شد بسته می‌شود و شخص تا آخر عمر بر طبق باورهای خود زندگی می‌کند.

ای کاش بهترین سرمایه گذاری را در میان والدین و فرزندانشان می‌کردیم تامحصول آیندهٔ کشور را ضمانت کنیم: بزرگترین جایگاه در یک کشور: جایگاه مادر است اوست که فرزندان و آینده سازان کشور را می‌سازد پس باید تماماً بی‌نیاز باشد تا بتواند هر آنچه صحیح است را به فرزندش آموزش دهد. محبت کردن به فرزندان مهم است اما مهم‌تر از آن آموزش دادن محبت کردن به اوست. اگر فرزندت محبت کردن را آموخت بی‌نیاز از محبت دیگران خواهد شد اما از طرف دیگر محبت کنندهٔ دیگران خواهد بود و این یعنی قطع دوستی او با نا اهلان ...

او از آنچه دیگران دارند پر است و جاری کنندهٔ آنچه دارد خواهد بود.

اگرکسی درکودکی محبت کردن را نیاموزد در بقیهٔ عمر خویش بدنبال کسب دنیا و افتخارات و مدال‌های آن است تا برگزیدهٔ دیگران شود و از محبت آنان سیراب شود پس همیشه تشنهٔ محبت است و گدای توجهٔ دیگران. او به شدت از تنهائی و طرد شدن می‌ترسد پس به شدت به آنچه دارد وابسته است و کوچک ترین انتقاد را نمی‌پذیرد.

انسان بی‌محبت دارای ماسک‌های زیادی ست برای دریافت محبت. مغرور شده به لقب، پائین‌تر از خود را نمی‌بیند اما گدای بالاتر از خویش است.

هم نشینان او، هم باوران اویند.

من: حضار گرامی ... در پژوهش‌های شما آمده است، اجسام در ارتفاع‌های زیاد و عمق‌های زیاد رو به بی‌وزنی می‌آورند و وزنشان کمتر و کمتر می‌شود.

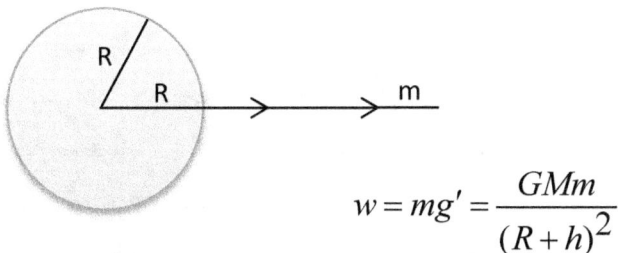

$$w = mg' = \frac{GMm}{(R+h)^2}$$

فرض کنید جسم به اندازهٔ ارتفاع h از سطح زمین بالا رفته در این صورت نیروی وزن می‌شود w.

از این رابطه ملاحظه می‌شود که مقدار g به ارتفاع جسم از سطح زمین بستگی دارد و هر چه از سطح زمین بالاتر برویم مقدار شتاب جاذبه و نیروی وزن کمتر می‌شود بطوری که در فواصل بسیار دور از سطح زمین: عملاً حالت بی‌وزنی بوجود می‌آید.

حضار گرامی: قبل از نیوتن همه هر چه می‌گفتند از نظریه، ایده و ... نوشته می‌شد اما نیوتن این طور ثابت کرد که باید برای گفته‌های خود علت بیاورید و اگر بشود فرمول ریاضی ...

دیدم همگی به علامت درستی سخنانم سرشان را تکان دادند ... اما نمی‌دانستند جملهٔ بعدی‌ام چیست وگرنه تأییدم نمی‌کردند ...

من: خود نیوتن نیز نتوانست علت اصلی و منشأ درست این جاذبه را بیان کند و آن را به آفریدگار نسبت داد و عجیب است که منکران خدا اینجا سکوت کردند....

پس چگونه برای چیزی که ثابت نشده: ادله می‌آورید، تدریس می‌کنید می‌جنگید و ...

آیا به صرف چند فرمول ریاضی می‌توانید چیزی را ثابت کنید؟

آیا جواب وجدانتان را چه می دهید؟
همگی سکوت کردند با لبهای گاز گرفته و دستهای زیر چانه گذاشته شده ...
اما حس کردم در حال جنگیدن هستند اما چه بگویند ...
من: حضار محترم می‌خواهم در مورد کاهش وزن نیز سخن بگویم ...
فرمول وزن اجسام در عمق‌ها ...
در این هنگام شخصی بلند شد و خطاب به من گفت چطور جرأت می‌کنی در مورد استاد بزرگ این گونه سخن بگوئی تو حتی نمی‌توانی فیزیک را تعریف کنی حتی مدرک شما ناچیز است حالا کارت به جائی رسیده که استاد را محکوم می‌کنی ؟
و همگی حضار ... سخنانش را تأیید کردند...
من: فریاد زدم ... نیوتن را بزرگ می‌کنید چون بزرگی شما و بزرگ ماندنتان درگرو بزرگی اوست. از آغاز آفرینش چیزی بنام فیزیک نبود اما علم خدا بود. خداوند همه چیز را از هیچ آفریده اما هر آنچه می‌بینید از علم و ریاضی سرشار است. ما هر آنچه می‌یابیم از علم اوست نه هوش و علم خودمان. این ما هستیم که نام فیزیک را بر تکه ای از علم سرشار خداوند گذاشته‌ایم پس آنچه آفریده شد از تمام علوم ما بالاتر و بزرگتر است و البته عمیق‌تر ... پس اگر مستقیم ازعلم خدا سخن می‌گویم ولی معنای فیزیک را نمی‌دانم ... آیا از همهٔ شما بیشتر نمی‌دانم ... وجدانتان جواب بدهد ... نه لبهایتان ...
خداوند من آفرینندهٔ آسمان‌ها و زمین است من آنچه را که اجازهٔ درک آن را به من عطا کرده بیان می‌کنم ... پس هر که را خوش آید یا بد آید ... مشکل از اوست.
صدا: آقای کوراوند لطفاً به اصل موضوع اشاره بفرمائید ...
من: بله ...حتماً ...

فرمول وزن اجسام در عمق‌ها

بر طبق این فرمول اگر جسمی داخل زمین به شعاع r(R>r) از مرکز زمین باشد.

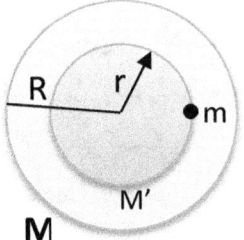

نیروی گرانشی که به آن وارد می‌شود حاصل از کره‌ای به شعاع r از زمین است که گوئی در مرکز زمین قرار گرفته است. اگر M جرم زمین باشد و چگالی زمین را یکنواخت در نظر بگیریم جرم این کرۀ جدید M' خواهد بود.

$$M' = \frac{r^3}{R^3} M$$

$$FG = \frac{GM'm}{r^2} = \frac{G\left[\frac{r^3}{R^3}M\right]m}{r^2} = \frac{GrMm}{R^3}$$

یعنی هر چه به مرکز زمین وارد شویم و نزدیکتر شویم نیروی وزن کمتری احساس می‌کنیم بطوری که در مرکز زمین در حالت بی‌وزنی قرار می‌گیریم. حضار گرامی: این سخنان از علوم‌های شناخته شدۀ خود شماست و هر آنچه من می‌گویم ریشه در حقیقت این گفته‌های شماست اما با نتیجه گیری‌های شما متفاوت است هر چه به عمق بروی خالص‌تر و ناب‌تر را خواهی یافت.

من می‌دانم جاذبه‌ای از سمت درون زمین وجود دارد اما این جاذبه مسبب افتادن سیب نبود. بله درست است وزن درارتفاع و عمق کمتر است تا بر روی سطح دریا، هوا نیز دارای وزن است. اگر هوا دارای وزنی برابر ۲/۱kg است برای هر متر مکعب هوا پس اگر من بخواهم با ۸۰ کیلو وزنم دارای حجمی به این مقدار بشوم پس می‌بایست ۳۸ متر مکعب حجم داشته باشم.
پس آیا گفته‌های مرا قبول می‌کنید؟...
ساکت بودند و جواب ندادند شاید می‌دانند پذیرش این سخنان یعنی رد کردن آنچه دارند و آغاز شکست چند صد سالهٔ علم آنهاست ...

من: اما من می‌دانم آنچه گفتید در مورد وزن و اختلاف در جایگاه‌ها ... درست است.

نیوتن جاذبه را فهمید اما تأثیر و منشأ آنرا نفهمید ... مطمئن باشید راز افتادن سیب ، جاذبهٔ نیوتن نبود ...

آنها را با مدارکشان می‌دیدم چقدر سنگین بودند دوست داشتم آتشی در آن میان بر می‌افروختم تا هر آنچه دارند را آتش می‌زدم تا آزاد شوند وبهتر ببینند و شادتر زندگی کنند.

آنها اسیر زندان لقبها و مدارکشان بودند. خودشان زندانی‌اند و شاگردانشان را دعوت به زندانی‌شدن می‌کنند. جالب اینجاست که زندان‌بان نیز خودشان هستند و شرط آزادی شان اقرار به شکست است و چقدر مغرور از اقرار به شکست متنفر است.

اقرار به شکست سازندهٔ تسلیمی ست پر از پذیرش شکست ...
وقتی کسی را کوچکتر از خودت بدانی نمی‌خواهی به سخنانش گوش دهی و اگر شنیدی نمی‌خواهی قبول کنی و اگر قبول کردی نمی‌خواهی تسلیم شوی پس دائماً بدنبال ایراد گرفتن مسخره کردن و جنگیدن با او هستی، پس دیگر

بدنبال یافتن حقیقت نخواهی بود بلکه بدنبال این هستی که حقیقت را آنگونه منحرف کنی که خودت همچنان برقرار باشی ...

پذیرش یک دروغ علمی ... آغاز بن بست علمی و آغاز تخیلات و گفته‌های بی‌محتواست. پس باید مواظب بود چه می‌شنویم و چه می‌گوئیم و از آنها مهم‌تر چه چیزی را باور می‌کنیم. راز درستی یک مسیر علمی یافتن اکتشافات جدید اما هم‌ذات با اکتشافات قبلی ست همگی همانند یک زنجیر به هم متصل‌اند. نباید درستی یک مطلب را به فراوانی القاب مدارک گویندگانش نسبت دهیم. آنچه هست را خوب ببین و جلوی هر کدام یک علامت سؤال بگذار.

راز پیشرفت و رشد کردن، بدست آوردن نیست بلکه کاوش کردن، جستجو کردن و یافتن علت‌های موجود است.

تا سؤال نپرسی ... علتی را هم نمی یابی ... اگر از سؤال کردن ترسیدی در همانجا که هستی خواهی ماند...

پرسیدن ... بلندت می‌کند و نپرسیدن: می‌خواباندت تا ابد.

مغرور از پرسیدن، دوری می‌کند و فروتن عاشق یاد دادن است و هرگز ذخائر تعلیماتش پایان نمی‌پذیرد چون دائماً در حال جستجو کردن است.

بدنبال این نباش که راه دیگران را تکرارکنی بلکه جستجوگر باش تا راه درستی بسازی برای دیگران. هر سؤالی تو را به درون راه بکر و دست نخورده‌ای هدایت می‌کند تا کاشف بزرگی شوی. پس فقط گام بردار و برو. مهم میزان اشتباهات نیست مهم میزان تجربیات توست در این مسیر و مجموع این تجربه‌هاست که تو را رشد می‌دهد.

شکستی که درونش کسب تجربه باشد بهتر است تا پیروزی‌هائی که درونش غرور و سکون باشد.

علت شکست‌های دیگران را جستجو کن نه پیروزی‌های آنان را.

پیروزی هر کس همانند اثر انگشت او شخصی و انفرادی ست پس هیچ گاه خودت را با پیروزی‌های دیگران مقایسه نکن.

در یک بازی فوتبال ... همه تیم برنده را تشویق می‌کنند و آرزو دارند جای آنها باشند اما حقیقت این است که راز شکست تیم مقابل همچون مروارید برای تو ارزشمند است.

تو شاید با پیروزی دیگری شاد شوی اما مطمئناً با استفاده کردن از راز شکست دیگری پیروز می‌شوی. علت شکست دیگران می‌تواند آخرین قطعه پازل پیروزی تو گردد.

علت پیروزی، بسیار زیاد و همگانی ست اما مسبب‌های شکست اندک هستند و اگر انسانها می‌دانستند ارزش تجربۀ شکست چقدر گرانبهاتر است تا ارزش مدال پیروزی... در شکست‌ها می‌خندیدند و در پیروزی‌ها گریان می‌شدند.

وقتی به دنیا آمدی تو گریان بودی و همگی خندان پس به گونه‌ای زندگی کن که وقت رفتنت همگی گریان باشند و تو خندان.

برای اثبات سخنانت به القابت رجوع نکن بلکه شکافندۀ سخنانت باش تا حقیقتش بیرون بریزد.

شکست‌های تو راهنمای تو هستند برای ساختن بستر پیروزی فردای تو.

کسانی که از تو ایراد می‌گیرند و به تو انتقاد می‌کنند هرچه منظورشان و هدفشان باشد مهم نیست زیرا این انتقادها و ایرادها برای تو حکم یافتن چاله‌های مسیر فردای توست که باعث نشکستن پاهای توست. پس چقدر بیشتر باید از انتقاد کنندگانت تشکر کنی تا تشویق کنندگانت.

محبت یعنی دادن هر آنچه دیگری نیاز دارد تا بزرگ شود و محبت کسی که روحش بزرگ است کمک کنندۀ دیگران است تا بزرگ شوند حتی بزرگتر از خود او ...

اما مطمئناً بزرگتر از روح او نخواهند شد، هر چه روحت بزرگتر، شادی ات افزون‌تر و پُردوام‌تر پس همیشه صدای انتقاد کنندگانت را بشنو و تشویق کنندگانت را فقط ببین.
(منظور از بزرگ شدن روح، شناخت و شکوفا کردن روح در جسم است.)
چقدر مکار و حیله گر است پزشکی که علت دردهای تو را نگوید و برای درمان تو خوبیهای تو را بیان می‌کند .
آیا طعم خوش عسل در هنگام دندان درد لذت بخش است ؟ هرگز...
روباه حیله‌گر: خوبی‌های کلاغ را گفت و زشتی او را به خوبی مبدل کرد تا آنچه را می‌خواهد از او دریافت کند پس بهتر است نزد دیگران عیوب آنها را بگوئی نه خوبی‌های آنان را ...
حتی اگر طردت کردند...
برای دیگران آینه باش نه ارث خورداشته هایشان . بگذار از تو آنچه را که باعث نابودی‌شان می‌شود بشنوند اگر رفتند باز می‌گردند زیرا صحت اعمال تو در نور بر آنها آشکار خواهد شد.
تا آنچه را که می‌بینی بیان نکنی آنچه را که دارند نمی‌فهمند...
به آنان که در اوج قله های غرور و پیروزی‌اند عیوبشان و به آنان که درعمق ناامیدی‌اند خوبی‌هایشان را بیان کن. تا نیفتند و نمانند.
بگذریم ...
همگی منتظر حرفهای من بودند پس گفتم ...
من: حضار محترم، اساتید برجستهٔ جهان، مفتخرین دانشگاهها و دانشجویان، من تمامی صحبت‌هایم را عرض می‌کنم اما هر که سوالی دارد بیان کند ... خوشحال می‌شوم بشنوم و اگر دانستم جواب می‌دهم و اگر ندانستم نه دروغ می‌گویم و نه با چند ادله و فرمول و باور علمی ... سعی درتوجیه کردن آن می‌کنم.

من خودم هستم و استدعا دارم شما نیز خودتان باشید.
سپاسگزارم

از سطح زمین و دریا تا لایهٔ ازن هوا وجود دارد. هر چه بالاتر برویم تراکم هوا کمتر می شود. هوائی که دارای نیتروژن، اکسیژن و گازهای دیگر است. این هواست که باعث نمایان شدن وزن می‌شود. اگر هوا بر روی زمین نبود وزنی نبود تا بتواند سقوط کند. در حقیقت جاذبه‌ای که بتواند به این شکل موجودات را بر روی زمین نگاه دارد تا زندگی کنند وجود ندارد بلکه فقط هواست که به موجودات، زندگی، وزن و حیات می‌بخشد.

من اسم لایهٔ اُزن را ساحل هوا نام می‌گذارم همانند ساحل آب که نمی‌گذارد آب از حد خود تجاوز کند. همگی حضار با صدای بلند خندیدند ... ولی به ایمانم تکیه کردم و ادامه دادم ...

اگر درون یک انسان که پر است از ملکول، سلول، اتم و ... و همگی در حال حرکتند و می‌دانیم که زنده اند پس حتماً درون جهان که پُر است از سیارات و ستاره‌های در حال حرکت، هم زنده است. من ایمان دارم خداوند مخلوق مُرده نمی‌آفریند پس هر مخلوق و آفریده‌ای زنده است اما در مسیر و مدار خاص خودش.

هر چقدر از فضا و کهکشان خودمان دورتر برویم حتماً الگوی ناب‌تری از جهان را خواهم دید. حس کردم حرفهایم برایشان بی‌معناست انگار هر چه مدارکشان عالی رتبه‌تر می‌شود از خدا گریزان‌ترند. آب هر چه از خورشید و نور دورتر رود سردتر می‌شود پس یخ می‌زند.

وقتی سوابق اعتقادی خیلی از دانشمندان بزرگ را مطالعه کردم اکثراً بی‌خدا بودند... اما چرا ... چگونه به خدا نزدیک می‌شوند چگونه آثار خلقت او را می‌بینند اما وجودش را انکار می‌کنند... چگونه نقاشی را تحسین می‌کنند ولی خود نقاش را به نمایشگاه راه نمی‌دهند ... چگونه ارزش نقاشی نقاش از خود او

گرانتر است. شاید نقاشی‌های نقاش تنها راه ادعای خدا بودن آنهاست و خود نقاش بر هم زنندهٔ این ادعا برای آنهاست.

ارزش یک چراغ در زمان نبودن خورشید بیشتر می‌شود شاید برایشان تقسیم کردن افتخار کشف یک علم با خداوند دشوار است. شاید ...

من : اگر به صفحهٔ تلویزیون نگاه کنی تصاویر و فیلم‌ها را خواهی‌دید اما اگر به عمق صفحه رفتی و نگاه کردی چیزی جز اجزای ریز را نخواهی دید و خبری از تصاویر و فیلم‌ها نیست پس اگر به اندازهٔ همان اجزاء کوچک شوی مطمئناً صدائی هم نخواهی شنید ما دنیا را به دید خودمان می‌توانیم درک کنیم ... اما ایده‌های ما ... ماورای دید ماست ... اگر انضباطی میان سیارات و ستاره هاست به خاطر وجود قدرتی ست که در خلاء هیچ نهفته است و این قدرت همان کاری را می‌کند که میان سلولها و اتم‌های بدن ما می‌کند.

راستی باید بگویم من اسم خلاء فضا را خلاء هیچ و آسمان فضا را آسمان هیچ نامیده ام.

هرگاه انسان می‌میرد و روح از بدنش خارج می‌شود تمامی انطباط درونش منحل می‌شود. خلاء هیچ پر است از انرژی، حیات و نیرو و این نیرو باعث زنده ماندن زندگی در زیر آسمان هیچ می‌شود.

صدا: آقای کوراوند لطفاً در این جلسهٔ مهم در مورد ادعای خود صحبت کنید و وارد مقولات دیگر نشوید.

من: چگونه می‌شود از بدن و اعضای آن سخن گفت اما از اجزای بدن حرفی نزد؟ آیا اگر نمره صد را یافتی ده تا ۹۰ را نداری؟ پس اجازه بدهید اگر لازم باشد به تمام جوانب اشاره کنم چون به هم مربوط هستند.

صدا: بفرمایید...

من: در ماورای کهکشان ما، تصویر، کاملا متفاوت از آن چیزیست که می‌بینیم و درک می‌کنیم. مثلاً: خودت را تصور کن که بر روی یک سلول زندگی می‌کنی چگونه می‌خواهی تصویری را که من از فاصله ی ۲ متری از تو می‌بینم خودت از درونت ببینی؟ غیر ممکن است.

خلاء هیچ دیده نمی‌شود اما همه چیز در آن شناور است و البته در جایگاه و مدار خود ثابت ...

حضار گرامی: می‌دانم آن چه قلب را به تپش وا می‌دارد روح است، روح همانند باطری قلب عمل می‌کند. روح انرژی و نیروی بدن است و همین نیرو و انرژی در خلاء هیچ وجود دارد.

نیرو باعث می‌شود سیارات به دور خورشید و خورشید به دور خودش بگردد. در جهان ما هرچه سرعت سقوط کمتر شود چگالی محیط سقوط بیشتر است. خلاء هیچ، وزن را می‌پوشاند و هوا آشکارش می‌کند و آب وزن را تقسیم می‌کند. نه این که وزنی نباشد، در حقیقت هر چیزی که وجود دارد دارای وزن است. وزن دلیل بودن است حتی نور، الکترون و ... . همگی دارای وزن هستند اما تشخیص وزن آن ها، منوط به داشتن ابزارهای دقیق است.

همه چیز در زمین دارای وزن است و این وزن اگر شامل سقوط شود، محصول هواست نه جاذبهٔ زمین. اگر سیب افتاد به خاطر هوا بود نه جاذبه‌ی زمین. جاذبه‌ی زمین وجود دارد اما نمی‌تواند سبب افتادن سیب شود.

خلاء هیچ همانند تاریکی، وزن را می‌پوشاند و هوا همانند نور، آشکارش می‌کند.

وجود هوا باعث کاهش سرعت هواپیما می‌شود. باعث سقوط می‌شود و هرچه اصطکاک با هوا کمتر شود سرعت بیشتر می‌شود.

هوا دیده نمی‌شود اما وزن و حجم دارد. وزن آن باعث افتادن و سقوط می‌شود و حجم آن باعث کم شدن سرعت ...

حضار گرامی می‌خواهم یک ایده برای ساخت هر آن چه حرکت می‌کند در هوا و زمین بدهم ...
همگی خندیدند ... یادم افتاد به سخن بیل گیتس که گفت: اگر مردم به رویای شما نمی‌خندند رویایتان به اندازه‌ی کافی بزرگ نیست ...
من: بله بخندید به برادران رایت نیز خندیدند، آنان که ترسیدند و عقب افتادند ... هر اختراعی حاصل یک ایده و نظریه است ... پس باید ایده را کاشت تا محصول اختراع را برداشت کرد.
ایده‌ی من این است: می‌دانیم که همه چیز در خلاء هیچ شناور است اما تحت تاثیر همدیگر ...

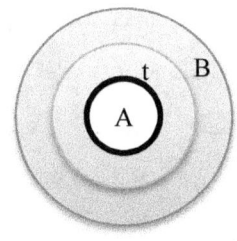

لطفاً به این شکل دقت کنید ...
t: فاصله‌ی بین A و B است.
درون A و B هواست و t پر از خلاء است.
پس میزان حرکت و سرعت B بر A بی‌اثر است.
اگر t را خلاء هیچ بدانیم و A و B دو سیاره باشند، A در مرکز B ثابت می‌ماند و حتی می توان چرخ B را به حرکت درآورد.
خلاء درون زمین را من خلاء سیاه نام می‌گذارم .
خلاء سیاه تشنهٔ خلاء هیچ است و آنرا به سمت خودش جذب می‌کند ...
صدای همگی بلند شد ... چه می‌گوئی ... آیا ما بی کار هستیم که به مزخرفات تو گوش دهیم و ...
صدا: آقای کوراوند لطفاً این گفتهٔ خود را اثبات کنید...
و همگی ساکت شدند....
من: نمی توانم اکنون تمامی مسائل مربوط به این موضوع را بیان کنم اگر اجازه بدهید به زمانش توضیح خواهم داد.

راز افتادن سیب

حضار گرامی: هر چه به ارتفاع برویم میزان نور یکی ست اما میزان هوا کمتر می‌شود برای همین هوا سردتر می‌شود. دراعماق نیز همینطور است هر چه به اعماق دریا برویم سردتر می‌شود چون نور کمتر می‌شود و هوا نیز کمتر می‌شود.

شما هم مثل من می‌دانید وزن ما بر روی نوک قله اورست کمتر است تا بر روی سطح زمین و همچنین هر چه به اعماق برویم وزن ما کمتر می‌شود چون هوا کمتر است چه در ارتفاع و چه در عمق ...

صدا: پس شما می‌خواهید بگوئید اگر ما وزن داریم به خاطر وجود هواست و فشار آن؟

من: بله درست است.

صدا: لطفاً توضیح دهید.

من: فکر کنید روی یک ترازو هستید و وزن شما ۷۰ kg است اگر من بر شانهٔ شما فشار وارد کنم وزن شما ۱۰۰kg خواهد رسید. من می‌خواهم بگویم میزان وزن هر موجودی به میزان فشار هوا برآن جسم بستگی دارد و هم به نیروی جاذبهٔ زمین. پس بهترین و صحیح ترین ترازو: ترازوئی ست که به زمین اتصال ندارد.

اگر بر روی زمین هستید و جدا نمی‌شوید به خاطر جاذبهٔ زمین و فشار هواست اگر از ارتفاع ۲ متری سقوط می‌کنید فقط به خاطر وزن هواست.

جاذبهٔ درون زمین نمی‌تواند به هر آنچه از زمین جداست اثر بگذارد.

خلاء سیاه، خلاء هیچ را جذب می‌کند اما هوا ما بین آن دو است پس خلاء هیچ بر هوا فشار می‌آورد و آنرا به زمین می‌چسباند. من در آخر توضیح کامل خواهم داد.

صدا: چگونه جاذبهٔ درون زمین خلاء هیچ را جذب می‌کند؟

من: اجازه بدهید در آخر توضیح خواهم داد.

اگر سیب را در هوا رها کنی به زمین سقوط می‌کند اما اگر در خلاء هیچ رها کنی همانجا می‌ماند و تحت نیروئی که بر آن اثر می‌گذارد در یک مدار می‌چرخد. اما سقوط نمی‌کند.

حضار گرامی: آیا بازی بومرنگ را به یاد دارید؟ یک چوب زاویه‌دار را پرتاب می‌کنند و این چوب بعد از طی‌کردن یک مسیر مدار شکل دوباره نزد پرتاب کننده‌اش باز می‌گردد و شکل این چوب باید به گونه‌ای باشد تا هوا را بشکافد اما در فضا نیازی به این شکل خاص نیست بلکه بهترین شکل جسم برای حرکت کردن: کروی بودن آن است.

صدا: اما همه سیارات صاف و کروی نیستند، شهاب سنگ‌ها و ...

من: بله درست است اما در مقیاس بزرگ پستی و بلندی به چشم نمی‌آید و اهمیت چندانی در نوع گردش و میزان آن ندارد. ولی در مورد شهاب سنگ‌ها همین قدر می‌دانم که آنها در مدار خاصی نیستند اما در حرکتند. هر سیاره که بر طبق مدار خورشید در گردش است باید کروی باشد تا بهترین کیفیت را داشته باشد. حال می‌خواهم بپرسم چرا شکل سیارات کروی شکل است و چگونه کروی شده است؟

همه سکوت کرده بودند و نگاهم می‌کردند. فکر کنم برایشان جالب بود شاید هم به دید قصه‌گو نگاهم می‌کردند ...

من: اگر یک قطرهٔ باران را نگاه کنی به سمت پائین کشیده است اگر در فضای خلاء هیچ از هر طرف به یک بادکنک فشار بیاوریم بادکنک به صورت کروی خواهد شد و کروی شکل بودن آن به این دلیل است که از تمام جهات بر بادکنک فشار وارد می‌شود. اما چه فشاری؟

صدا: ولی بادکنک در فضا نمی‌ماند تا ما بتوانیم بر آن فشاری وارد کنیم.

من: بله درست است می‌دانم من برای درک بهتر شما مجبورم از مثال بادکنک استفاده کنم.

ادامه دادم: نیروی جاذبه‌ای که میان خلاء سیاه و خلاء هیچ است باعث می‌شود که یک کرهٔ مذاب که در حال سرد شدن است بصورت تقریباً کروی شکل در بیاید.

اگر به قول شما سیارات، تکه های جدا شده از خورشید هستند چگونه همگی کروی شکل هستند و در فاصله‌های معین، با تعداد ماه‌های معین، با حجم های معین و با خلاء‌های معین هستند.

هیچ‌گاه حاصل یک انفجار نامنظم، ترکیبات منظم تا به این همه عمق که پر از هدف و علم و ریاضی ست نخواهد شد.

حضار گرامی: هوائی که اطراف ماست بسیار سبک و منبسط است اما باعث می‌شود سیب دارای وزن شود و بیفتد. فشار هوا بر روی سطح دریا بیشترین مقدار خود را دارد و این فشار باعث می‌شود اگر جسمی به هوا پرتاب شود سقوط کند.

خود هوا نیز باعث زنده بودن موجودات می‌شود.

جاذبه بر اجسام زمین اثر می‌گذارد اما هرگز نمی تواند باعث افتادن سیب شود.

نقش جاذبهٔ زمین که همان خلاء سیاه است در جذب خلاء فضا و چرخش سیارات بسیار مهم است.

به عبارتی دیگر اگر سیب را روی زمین گذاشتی بر اثر جاذبهٔ زمین همراه با فشار هوا بر زمین می‌ماند و وجود هوا باعث می‌شود سیب سقوط کند.

کف اقیانوس‌ها نیز دارای وزن فشار آب است. یک انسان بیشترین وزن خود را بر روی آب دارد زیرا فشار هوا بر سطح دریا: بیشترین حد خود را دارد، چون سطح آب: تراز زمین است.

اما چه رابطه‌ای میان فشار هوا، وزن هوا و جاذبهٔ زمین است؟

گفتیم هوا دارای وزنی است برابر ۲/۱kg بر متر مکعب.
اگر ماه دارای جو نباشد وقتی به ماه سفر کنیم سفینهٔ برای نشستن بر ماه باید انرژی صرف کند و برای جدا شدن از ماه نیز باید انرژی صرف کند و این به خاطر وجود نیروی خلاء سیاه درون ماه است که با خلاء هیچ در ارتباط جاذبه است. خلاء هیچ تا به روی سطح خاکی ماه: فرود می‌آید و در همه سطح آن بصورت یکسان فشار می‌آورد. سفینه نمی‌تواند بر سطح ماه سقوط کند چون هوا نیست. اگر یک سیب را در فاصلهٔ یک متری از سطح ماه رها کردی سقوط نمی‌کند بلکه همانجا می‌ماند.

اگر بر روی زمین بخواهی از دیوار ساختمانی بالا بروی حتماً می‌افتی اما در ماه حتماً می‌توانی از صخرهٔ صاف بالا بروی بدون اینکه سقوط کنی و اگر فرض کنیم ماه دارای جو باشد میزان سقوط اجسام بر آن به میزان تراکم جو آن مربوط می‌باشد. هرچه تراکم جوهر سیاره‌ای بیشتر باشد میزان سقوط در آن نیز بیشتر است.

هر چه به سیاره چسبیده باشد مشمول جاذبهٔ خلاء سیاه می‌شود اما نمی‌تواند جدا شود چون هوا وجود ندارد. خود خلاء هیچ نیز بر سفینهٔ روی ماه اثر می‌گذارد پس سفینه از درون ماه و بیرون ماه تحت این نیروی دافعه و جاذبه قرار دارد. اما فقط تا زمانی که به سطح ماه چسبیده است. هوا باعث سقوط سیب می‌شود و جاذبهٔ زمین با فشار هوا باعث می‌شوند سیب بر روی زمین بماند. اگر فاصلهٔ زمین تا لایهٔ ازن را 25km فرض کنیم میزان فشار وزن هوا بر روی یک مترمربع زمین بر طبق وزن هوا که 2/1kg بر متر مکعب می‌باشد می‌شود 52/500kg. اما هوا از روی سطح زمین به سمت بالا، میزان تراکم و فشردگی آن کمتر می‌شود و این بخاطر فشار خلاء هیچ بر هوای اطراف زمین است. پس هوا در سطح زمین به صورت ابر نامرئی که دارای وزن است عمل می‌کند و بصورت فشار وزن عمل نمی‌کند وگرنه موجودات را پرس می‌کرد. این

راز افتادن سیب

تراکم و فشردگی هواست که باعث سقوط می‌شود و موجودات را بر روی زمین با کمک جاذبه نگه می‌دارد و موجب سقوط می‌شود. هر چه هوا متراکم‌تر و فشرده‌تر شود میزان سقوط بیشتر می‌شود. پس وزن جسم در هوای فشرده بیشتر می‌شود. برای همین وزن یک انسان بر روی سطح دریا بیشتر است تا در ارتفاع مثلاً $20km$ سطح دریا.

صدا: اما میزان تراکم هوا در این ارتفاع یکسان نیست.

من: درست است بر روی قلۀ اورست فشار هوا کمتر است تا سطح دریا.

صدا: اما چطور این وزن ما را لمس می‌کند و باعث مرگ ما نمی شود چگونه ما حرکت می‌کنیم؟

من: هوا همانند یک تور نامرئی بر روی تمام سطح زمین و دریا پهن شده است و همه چیز را در زیر خود نگه می‌دارد. در سطح زمین تراکم هوا بیشتر است ولی باعث متلاشی شدن ما نمی‌شود و البته ما برای حرکت کردن نیاز به مصرف انرژی داریم ولی برای سقوط کردن نیاز به انرژی نداریم.

اگر سیب را به هوا پرتاب کنی به میزان ارتفاع سقوطش، تخریب می‌شود چون وزن و فشار هوا باعث سرعت آن و تخریب آن می‌شود.

وزن هوا تولید وزن می‌کند یعنی نمایان کننده وزن موجودات می‌شود. آب دریا نیز باعث ماندن موجودات درکف دریا می‌شود و هر موجودی اگر بخواهد در آب حرکت کند نیاز به مصرف انرژی دارد ولی آب دریا به موجودات کف دریا آسیب نمی‌زند.

ما در عمق دریا متلاشی می‌شویم اما ماهی بر سطح زمین فقط می‌میرد و متلاشی نمی‌شود. وزن آب باعث متلاشی‌شدن موجودات کف دریا نمی‌شود اما یک موجود خشکی اگر در کف آب قرار گیرد منهدم می‌شود و این بخاطر خروج هوای بدن اوست نه وزن آب.

وزن و فشردگی آب نیز باعث سقوط می‌شود امّا نه به اندازه میزان سقوط در هوا، چون اختلاف وزن میان جسم و هوا بیشتر از جسم و آب است و هر چه این اختلاف بیشتر باشد میزان سقوط بیشتر است.

خلاء بدون وزن اما پر از انرژی و نیروست و جسم در آن معلق می‌ماند = آسمان هیچ

هوا کم وزن است و جسم در آن سقوط می‌کند = آسمان آبی

آب سنگین وزن است و جسم در آن غرق می‌شود = آسمان شناور

ولی حالا یک سؤال پیش می‌آید: چرا سرعت سقوط سیب در هوا بیشتر از آب است؟

هر چقدر وزن محیط سقوط دهنده از شیء سقوط‌کننده کمتر باشد سرعت و میزان سقوطش بیشتر است و هر چه چگالی اطرافش بیشتر باشد وزن آن کمتر می‌شود.

پس آیا چگالی خلاء بیشتر از هوا و آب است زیرا همه چیز را به بی‌وزنی می‌رساند؟

پس آیا معنی چگالی حقیقی چیست؟

صدا: لطفاً به سؤالات حضار پاسخ دهید.

آقای کوراوند چگونه شما که تحصیلات عالیه ندارید این ایدهٔ علمی را بیان می‌کنید؟

من: حضارگرامی: مدرک تحصیلی من دیپلم ریاضی ست. اما آیا تحصیلات شما درک و شعور شما را بیشتر می‌کند تا بتوانید عالم جهان را بهتر درک کنید؟ آیا کشف‌های شما بیشتر می‌شود؟

این همه دانشمند و ... پس چرا اینقدر کم است تعداد کشف‌های شما ...

مدارک عالی رتبهٔ شما: کمکتان می‌کند تا آنچه را هست و می‌بینید تفسیر کنید نه ماورای آن را من مطمئنم تمام ایده‌های ساخته شده بدست بشر که

باعث رشد دنیای ما به سوی درستی شده است را خداوند اجازه داده تا بیان و اجرا شود. ایدۀ کامپیوتر ، برق ، کشتی و ...

درست است قرار نیست ایدۀ ساخت هواپیما بدست کسی که درکی از آن ندارد بیفتد اما جرقۀ آن به ذهن برادران رایت افتاد و چقدر مسخره‌شان کردند اما آنها موفق شدند.

متأسفانه شما مدرک داران همه چیز را با مدرک قیاس می‌کنید. من تا دیپلم درس خوانده‌ام اما می‌توانم آنچه در مورد فضاست را درک کنم درکی ساده از ساختار منظومۀ شمسی.

من نمی‌خواهم جراحی قلب انجام دهم چون نمی‌توانم من آنچه هست را می‌بینم و تفسیر می‌کنم و این را می‌دانم همۀ آفریده‌های خداوند در عین بزرگی و حکمت عظیم خود دارای نظم و سادگی زیبائی هستند که اگر اولی را درک کردی دومی برایت آشکار می‌شود.

صدا: بسیار خوب: شما گفتید جاذبه‌ای که بتواند موجودات را بر روی زمین سقوط دهد وجود ندارد اما بعد گفتید جاذبه هست: توضیح دهید؟

من: بله جاذبه وجود دارد و نیروی آن می‌تواند باعث ماندن موجودات بر روی سطح زمین بشود ولی نمی‌تواند باعث سقوط سیب شود. این جاذبۀ درون زمین که از خلاء سیاه سرچشمه می‌گیرد با خلاء هیچ در آسمان در رابطه جاذبۀ بسیار قوی است تا بتواند آنچه بر زمین است را بر زمین نگاه دارد. اما در میان این دو خلاء: هواست و این نیروی جاذبه باعث می‌شود که هوا بر روی زمین فشرده شود و چیزی بنام لایۀ ازن بوجود بیاید که من نام آنرا ساحل هوا نام می‌گذارم.

صدا: شما نمی‌توانید سَراز خود بر عالم نامی بگذارید یا آنرا عوض کنید.

من: هر چیزی که برای اولین بار کشف شود نام کاشف آنرا بر آن کشف می‌گذارند.

من این حق را دارم که بر این قانون جدید میان سیارات و ستاره‌ها نام بگذارم و من نام این قانون جدید را قانون کوراوند نام می‌گذارم.
همگی بصورتم نگاه می‌کردند ... حتماً می‌گفتند چه می‌گوید این نادان ... تو اسم خودت را هم انتخاب نکرده‌ای ... پس چه می‌گوئی ...
صدا: شما گفتید نیروی جاذبهٔ خلاء سیاه بر خلاء هیچ (فضا) اثر می‌گذارد. اولاً منشأ این جاذبه چیست؟ دوماً در ماه که هوا نیست این نیروی جاذبه چگونه کار می‌کند؟
من: حضار گرامی بگذارید در آخر: تمام توضیحات را می‌دهم اکنون فقط می‌خواهم بگویم قانون کوراوند می‌تواند راز مثلث برمودا و راز منشأ زلزله را بیان کند.
در سیارات هوائی وجود ندارد که بتوان آنرا تنفس کرد و توسط آن زندگی کرد و ساخت و ساز انجام دهیم همانند زمین.
نیروی جاذبهٔ درون کرهٔ ماه جذب کنندهٔ خلاء هیچ است و اگر فرض کنیم هوایی بر سطح ماه نباشد این خلاء هیچ تا به سطح خاکی ماه فرود می‌آید و کاملاً بر سطح کرهٔ ماه فشار وارد می‌کند و باعث می‌شود هر آنچه بر سطح ماه قرار دارد به ماه بچسبد البته منظورم: نیروئی ست که حاصل جاذبهٔ خلاء هیچ و خلاء سیاه می‌باشد ولی چون خلاء هیچ اجسام را بی‌وزن می‌کند اگر یک سیب را در فاصلهٔ یک متری سطح ماه رها کنی همانجا می‌ماند .
پس برای جدا شدن از سطح ماه: نیاز به مصرف انرژی دادیم و البته برای فرود آمدن بر سطح ماه نیز نیاز به مصرف انرژی داریم ما نمی‌توانیم به همان راحتی که بر زمین راه می‌رویم بر ماه نیز راه برویم.
صدا: چگونه وزن هوا که برابر 52/500 kg است ما را متلاشی نمی‌کند؟
من: ببینید این وزن شاید کمی کمتر یا بیشتر باشد اما حتماً هست هوا بسیار کم تراکم است نسبت به آب. ما هوا را تنفس می‌کنیم، چگالی هوا کمتر است

از چگالی آب برای همین ما در زیر آب دریا متلاشی می‌شویم ولی در روی سطح زمین می‌توانیم راه برویم. هوا بر ما فشار نمی‌آورد تا ما را له کند بلکه محیط سقوطی فراهم می‌کند تا ما را بر روی زمین نگاه دارد.

در خلاء، وزن: هیچ است و در هوا بیشتر از آب است. چون چگالی هر کدام متفاوت است پس میزان مصرف کردن انرژی در هر کدام متفاوت است. هر چه تراکم محیط بیشتر باشد میزان صرف کردن انرژی بیشتر است. اما در خلاء: هوا و آب نیست اما پر از انرژی و نیروست و من فکر کنم اجسام در خلاء هیچ در اوج وزن قرار دارند اما به خاطر نیروی عظیم خلاء هیچ این وزن به چشم نمی‌آید و خنثی می‌شود همانند سقوط سیب در آب و سقوط سیب در ظرف پر از روغن. هر چه تراکم مایع بیشتر باشد سرعت سقوط در آن کمتر می‌شود.

پس هر کس بخواهد بر ماه فرود آید و از ماه جدا شود باید انرژی مصرف کند.

اگر سیب افتاد فقط به خاطر وجود هواست و اگر بر روی زمین می‌ماند به خاطر فشار وزن هوا + نیروی جاذبهٔ خلاء سیاه زمین است.

پس اگر یک سیب را که در هوا معلق است بلند کنیم وزنش کمتر است تا زمانی که یک سیب را از روی زمین بلند کنیم.

همگی نگاهم می‌کردند سکوت کرده بودند شاید برایشان جالب بود اما نوع نگاهشان فرق کرده بود. چقدر متفاوت است دیدگان مسخره کننده و دیدگان تشویق کننده ... پس چقدر می‌توانیم با نگاهمان دیگران را بلند کنیم یا بر زمین بزنیم. اکنون آنها را عادی می‌دیدم بدون لقب، مردمی که دوستشان دارم چقدر القاب باعث ایجاد فاصله می‌شود. ماسک‌ها برای جدائی قلب‌هاست. ای کاش القاب ما برای محبت کردن به کار گرفته می‌شد نه حکومت کردن ای کاش لباس‌هایمان را برای شادکردن دیگران و خودمان می‌پوشیدیم نه آنکه مترسک اطرافمان شویم.

یادم افتاد به یتیم‌خانه‌ای که چند بار رفتم چقدر دوست داشتم سقف اتاق نوزادان را رنگارنگ می‌کردم می‌دانم کودک تازه بدنیا آمده آنچه را می‌بیند دریافت می‌کند اگر تاریکی ببیند: تاریکی غم و ترس را دریافت می‌کند و اگر نور و رنگین کمان را ببیند شادی را جذب می‌کند.

کودکان قبل از سخن گفتن وارد مرحلهٔ شنیدن و درک کردن می‌شوند. کودک تا ۷ سالگی صندوقچهٔ باورهایش را پر می کند از آنچه می‌بیند و می شنود و لمس می‌کند و تا آخر عمر از آن تبعیت می‌کند و در جنگ است با کسانی که بر ضد باورهای او باشند.

چقدر سخت است به کسی که باور کرده گرگ، سگ است معنای سگ را بیان کنی.

چقدر سخت است به کسی که باور کرده هیچ یعنی پوچ بقبولانی هیچ بزرگترین عدد است و هر آنچه با آن جمع یا تفریق شود می‌شود هیچ

$$3+0=0 \; , \; 3-0=0 \; , \; 3\times 0=0$$
$$3\div 0=0 \; , \; 0\div 3=0$$

هیچ آغاز و پایان است، هم مبدأ است و هم مقصد.

هیچ همانند اقیانوس است و یک عدد همانند کاسهٔ آبی از آن. پس جمع + تفریق + ضرب + تقسیم : هر عددی بر هیچ می‌شود هیچ.

دل بستن به مدرک تو را از هیچ بودن فراری می‌دهد چون می‌خواهی بدرخشی. شمع هرگز نمی‌خواهد در نور روز روشن شود چون به هیچ می پیوندد و کسی او را نمی‌بیند.

مدرک‌گرایی شخص را خواهان: دیده شدن و تأیید شدن می‌کند. کسی که بزرگ است خواهان بزرگی نیست چون درونش بزرگ است پس بدنبال بزرگ

کردن دیگران است اما آنکه کوچک دل است به دنبال بزرگ شدن بیرون خویش است پس دائماً در جنگ است با رقیبان خویش.

بزرگ‌دل در رقابت بدنبال بُروز دادن خویش است و کوچک دل بدنبال بهتر شدن همانند دیگران.

تقلید کردن از بزرگی دیگران از کوچکی درون توست.

اگر به کودکت آموختی خودش نباشد او در تمام عمر بدنبال هم رنگ شدن با بزرگی دیگری ست.

اگر به کودکت محبت کردن را نیاموختی در تمام عمرش بدنبال محبت دیدن می‌رود و اگر او را آزار رساندی هرگز محبت کسی را قبول نمی‌کند.

ای کاش در مجمع‌های علمی بدنبال راه حل بودیم نه راهی برای بلند کردن خویش.

انسان مغرور در اوج قله‌های خویش تنهاست نه خود می‌رود و نه کسی می‌آید.

تقسیم کردن دردها همانقدر مهم است که تقسیم‌کردن صحبتهایمان مهم است پس هر دو، دو روی یک سکه اند. اگر در مسیر زندگی به فکر بزرگ کردن دیگران بودی خود نیز بزرگ خواهی شد و این اجتماع بزرگ ترین اجتماع سالم دنیاست. ولی چقدر زیادند کسانی که بدنبال بزرگ کردن خویش هستند تا محبت دیگران را جذب کنند.

چقدر فقیر است آنکه تشنهٔ محبت دیگران است.

ای کاش دانشگاه‌های ما به جای این همه تدریس تکراری و اجباری راهی برای شناخت استعدادهای درون شاگردان می‌یافتند. آنچه داری مهم‌تر است تا آنچه می‌یابی. ای کاش به ما آموخته بودند در تمام زندگی‌ات بدنبال مسیرهائی باش بر طبق آنچه داری نه آنچه دارند. ای کاش در دانشگاه‌های ما هدف، کسب نمره نبود بلکه کشف درون بود. دانشگاه مکان یادگیری نیست مکان شکوفائی درون است. مکان جاری شدن چشمه‌های استعدادهای خدائی ست.

تعصب مانع شناخت و شکوفائی است.

تا هفت سالگی به فرزندت باورهای درست بیاموز و به او کمک کن محبت کردن را بیاموزد و تا ۱۲ سالگی به او کمک کن تا ارتباط صحیح با دنیا را بیاموزد پس او درست خواهد زیست. اما چگونه ممکن است کسی که شاگردی، ناپخته است در استادی، پخته تمام عیار شود. استادی طی کردن مسیر درست است از کودکی، میوهٔ کودکی درست، استادی بزرگ است نه بر عکس.

کسی که خود را نشناخت در پی این است که دیگری باشد و آنچه خود داشت ز بیگانه تمنا می‌کرد. این انسان همیشه بی‌نصیب است چون آنچه نصیبش شد را نشناخته است.

ای کاش به کودکانمان یاد می‌دادیم بکوشند تا خودشان باشند.

شاید کودکت استعداد آشپزی دارد پس او را مجبور نکن دکتر شود.

اگر همگی فقط تکرار می‌کنند و خودشان نیستند همانند طوطی‌اند که صدای انسان را تقلید می‌کنند، اما هرگز انسان نیستند.

چقدر به کودکانمان دروغ آموختیم. اگر این شغل، دارائی و مقام را بدست آوری بزرگ می‌شوی و با این کار: بزرگی کودک را، کوچک می‌کنیم و او دائماً بدنبال بزرگ شدن است. اما راه را اشتباه می‌رود چون بزرگی درون اوست نه بیرون او. ملاک ارزش‌گذاری ما اشتباه بوده است.

اگر ثروت مملکت را صرف باورسازی درست کودکان کنیم کشورت را از ریشه برای همیشه آباد خواهی‌کرد. انسانی که در جایگاه عالی است ولی شاد نیست و شکوفائی نمی‌کند. جایگاهش از آن او نیست. همه حسرت جایگاه او را می‌خورند و خود در حسرت جایگاه دیگران.

اگر می‌خواهی بهترین اثر را بگذاری جای خودت را پیدا کن و اینگونه هرگز اسیر رقابت پر جنگ نخواهی شد و دیگران جذب تو می‌شوند. اگر به خود

فرورفتی جذب کننده خواهی شد و اگر بدنبال برون رفتی همه را دفع خواهی‌کرد پس خودت باش.

صدا: تعریف شما از خلاء چیست؟

من: خلاء فضائیست مابین تمام سیارات و ستاره‌ها و تمام اتم‌ها و الکترون‌های درون بدن که فاقد هوا و آب می‌باشد اما چون پر از انرژی و نیروست حتماً زنده است چون نگه دارنده است.

صدا: تمام تعریف شما همین بود؟

من: بله ... آنچه می‌دانم گفتم نه آنچه خوانده‌ام.

صدا: منظورتان چیست؟ آیا به ما توهین می‌کنید؟ آیا مدرک گرفتن در نظر شما مسخره است؟ لابد انتظار دارید برویم در آشپزخانه کار کنیم؟

و همگی خندیدند ... چقدر منتظر این لحظه بودند چون صدای خنده‌شان از اعماق دلشان بود پس خندیدم و دستم را بلند کردم و گفتم:

من: حضار گرامی: من شما را دوست دارم ... راست می‌گویم ... پس اگر چیزی می‌گویم برای مسخره‌کردن شما نیست بلکه برای آگاه کردن شماست اما به اندازه‌ای که می‌دانم.

گاهی جواب‌های بسیاری را داده‌ام اما در جواب یک سؤال سادهٔ کودکی مانده‌ام.

هر آنچه ساده است مشکل‌ترین است. سخت‌ترین انسان، ساده‌دل‌ترین انسان است.

انسان ریاکار، انسان بزدلی ست که هر روز رنگش عوض می‌شود پس سادگی از او نیست.

داشتن مدارک عالی رتبه دلیلی بر پیچیده کردن علم نیست، آنچه هست، هست ...

کافی ست از دنیا آنچه را می‌بینید ببینید نه آنچه را که باور کرده‌اید.
راستی اگر خدمت کردن نیکوست خوراک دادن به دیگران چقدر نیکوتر؟ آیا این باعث سرافکندگی شماست؟
من به مادرم و تمام مادرانی که همهٔ عمر: خوراک عشق پختند و بی‌منت گذرکردند افتخار می‌کنم. اگر سالم هستیم و مدارک عالیه داریم. از همان خوراک‌های سالم ومقوی و با عشق است.
خوشا بحال آنکه به دیگران برکت می‌دهد.
نگاهم می‌کردند انگار به قد و اندازه من نمی‌خورد این همه صحبت. اما من گفتم چون برای گفتن آمده‌ام پس می‌گویم، مهم به پایان رساندن هدف است و بس.
اگرکار درست را انجام دادی از آینده‌اش مترس... کاشتن دانه با تو... فرستادن باران از خداوند.
صدا: شما گفتید آنچه در فضاست زنده است و به درون بدن اشاره کردید... روح... انضباط و عشق ... اما ما در این جا بدنبال فلسفه نیستیم بلکه بدنبال علوم کاربردی هستیم همراه با فرمول ریاضی و ثابت کردن آنها، پس خواهش می‌کنم وارد مقولات فرعی نشوید.
من: حضار گرامی: چرا عادت کرده‌اید آنچه را لمس می‌کنید باور کنید آیا بدن شما از روح خالی ست. آیا نفس کشیدن را فراموش کرده‌اید؟ ایا باران محصول ابر نیست؟
هر آنچه هست دارای علتی است و علتش را می‌توان در نبود آن جستجو کرد.
من می‌خواهم حرف‌هایم را بزنم. مدرکی ندارم که به خاطرش صاحب جایگاه شده باشم که نتوانم حرفم را بزنم تا مبادا جایگاهم به خطر بیفتد
من هرآنچه لازم باشد می‌گویم و بعد می‌روم. آمده‌ام که بگویم ...

من مطمئن هستم که همهٔ آفریده‌ها در دستان خداوند است و حاصل حکمت عظیم اوست... عجیب است هر چه در علم رشد می‌کنیم میزان انکار خدا بیشتر می‌شود. برایم مهم نیست کدام دانشمند بزرگ، خدا را رد کرده است. یا قبول کند، نظم آفرینش را قبول کند یا رد کند، اگر من سیر نباشم شکم‌سیری شما برایم بی فایده است من ایمان دارم که همه مخلوقات، آفریدهٔ دستان پر توان خالق هستی و آفریدگار من هستند.

تعدادی از حضار مرا نگاه می‌کردند و به فکر فرو رفته بودند، ... آیا می توانستند بفهمند چه می گویم؟

من: اگر کسی زنده است و قلبش کار می‌کند آیا وقتی می‌میرد و قلبش از کار می‌افتد این تپش قلبش از روح نیست؟ آیا باطری قلب، روح نیست؟

آنچه می‌بینید را می‌توان ثابت کرد اما آنچه نمی‌بینید را در زمان نبودشان می‌توان ثابت کرد. در روز ... روشنائی را نمی‌بینی اما همه چیز را در آن می‌بینی ولی در تاریکی هیچ چیز را نمی بینی. هوا را نمی‌بینی اما اگر نباشد خفگی را لمس می کنی و می چشی .

سرما و گرما را نمی‌بینی اما چقدر در میانشان، یا سردت می‌شود و می‌لرزی یا گرمت می‌شود و عرق می‌کنی روح انسان را نمی‌بینی اما انسان مردهٔ بی‌روح را می‌توانی ببینی.

تمامی آفریده‌های خداوند را می‌توانی ببینی اما آغاز و پایان هر کدام را هرگز نمی توانی ببینی و همه چیز ادامه دارد ... چه در عمق تو و چه در وسعت بالای تو ...

آیا نقاشی نقاش را قبول می‌کنی اما خود نقاش را رد می‌کنی؟

چون نمی‌توانی به ازل و ابد برسی خدا را انکار می‌کنی؟ یا به آفریدگار ابد و ازل ایمان نمی‌آوری؟ من خدا را نمی‌بینم اما وجودش را در درونم می‌چشم و حس می‌کنم. آرامم می‌کند پس اگر ناآرامی نباشد آرامی او را فراموش نخواهم‌کرد؟

هر چه هست باید باشد و حکمتش در دستان خداوند است.
آیا اندک علم بشر باعث می‌شود خدا را انکار کنند؟ آن‌هم علمی که هر چند سال دستخوش تغییر می شود.

می‌دانم هرکس بخواهد نکتهٔ جدیدی بیان کند با هجوم انتقاد دیگران مواجه می‌شود اما می دانم یک سوراخ کوچک، یک سد عظیم را فرو می‌ریزد.

متعصبان مذهبی به آنچه دارند و هست تعصب دارند و متعصبان علمی به آنچه کشف کرده‌اند. آنها همه چیز را مدیون یک انفجار می‌دانند. انفجار یعنی نابود شدن، تکه شد، از هستی به نیستی وارد شدن، از نظم به بی نظمی منتهی شدن، پس چگونه در نادرستی بدنبال راستی میگردی؟ آنها نیز همانند خورشید پرستان، انفجارپرست هستند و روزی این نیز باطل می‌شود و البته اکنون شده است.

دانشمندان می‌خواهند گفته های خود را با هزاران دلیل و مدرک بیان کنند تا خود را بزرگ کنند همانند کسی که مغز خود را از دانش پر می‌کند تا نزد دیگران بزرگ مغز شناخته شود همانند بادکردن یک بادکنک که با اولین ترکش دیگران: منفجر می‌شود.

اگر این انفجار باعث این همه نظم شده است حتی تا به اعماق و آسمان‌ها که غیر قابل دسترسی ست آیا خالقش کیست؟

من رمز و راز جهان را باور دارم. محصول انفجار ... هدف نیست اما محصول آفریدن، حتما هدف است. آفریدن یعنی از نیستی به هستی وارد شدن...

اگر انفجار همان آفریدن است درست است اما اگر تولید شدن و ساختن است ... هرگز ... اگر منظومهٔ ما حاصل انفجار است و بدون دست خداوند ... این همه حکمت فاصله ، اندازه ، گردش و ... از کجا آمده‌است . آیا اگر سیب را پرتاب نکنی خودش حرکت می‌کند.

اگر علوم خود را قبول دارید، پس نمی توانید بگوئید همه چیز از پوچی بوجود آمده ... پس یا آنرا به یک انفجار نسبت می دهید یا به هزاران سال پیش یا به وجود یک سلول ...

اما همه چیز را محصول یک چیز می‌نامید. پس آن یک چیز از چیست؟

من می‌گویم آن یک چیز، آفریدهٔ خداوند است.

آن یک چیز از پوچ بوجود نیامده بلکه از هیچ آفریده شده است .هرگاه معنای هیچ و پوچ را بدانی می‌فهمی چه گفتم.

دانشمندان در آن یک چیز مانده‌اند و قبل از آن را انکار می‌کنند و اگر پرسیدی می‌گویند نمی‌دانیم. پس چگونه در فضای نمی‌دانی بدنبال داشتن می گردی. چگونه خدا را انکار می‌کنید؟

آیا این به همان علت نیست که روح را رد می‌کنید اما جسم را می‌پذیرید؟

جسم ساخته شده و روح آفریده شده است برای همین منبع جسم بی‌انتهاست و منبع روح نامنتهاست .

همه می‌پرسند اول مرغ بود یا خروس، مرغ بود یا تخم مرغ.

من می‌گویم اول روح آنها بود بعد جسم آنها ...

اول روح آفریده می‌شود و بعد جسم بر آن ساخته می‌شود. همانند خیاطی که لباست را به اندازهٔ تو درست می‌کند. پس مهم‌تر از آنچه می‌بینی آن چیزی ست که نمی‌بینی چون همهٔ دیدنی‌ها در گرو نادیدنی‌هاست. اگر روح را قبول داشتید و می‌شناختید می‌فهمیدید نمی‌شود روح انسان را همانند روح حیوان یکی دانست.

هرگز نمی‌توان گفت اجداد انسان، میمون‌ها هستند. خون، گوشت و استخوان انسان چقدر متفاوت است با گوشت و خون و استخوان حیوان

چگونه یک حیوان می‌تواند به انسان تبدیل شود و اگر این گونه است چرا فقط میمون؟

آیا شباهت دلیل یکی بودن است؟ آیا شباهت کلمات مَردم با مُردم دلیل به یکی بودن معنای آنهاست؟ اولی انبوه انسان هاست و دومی پایان عمر انسان‌هاست.

من فهمیده ام: روح مرد نراست و روح زن: ماده: ازدواج محصول یکی شدن آنها در روح است نه فقط جسم آنها در روح و جسم یکی می‌شوند و در نفس برای هم زندگی می‌کنند. مرد تمایلات مرد بودن دارد وزن نیز در اعماق خود تمایلات زن بودن.

وقتی کودکی بدنیا می‌آید روحش کامل است ولی جسم در روح باید رشد کند نه بر طبق نفس. روح نه رشد می‌کند و نه کم می‌شود همان که بود هست و خواهد بود.

روح تو همان اندازه است که در زمان کودکی‌ات بدنیا آمده‌ای و در زمان آخر عمرت: دنیا را ترک می‌کنی. انسانی که از روح خود غافل شود بدنبال بزرگی نفس است و هر چه بدود باز نمی‌رسد و با به دست‌آوردن لقب، مدرک، قدرت، مقام و پول ... بیشتر احساس پوچی و بی‌ارزشی می‌کند. تا ندارد بدنبال یافتن می‌گردد و تا به دست آورد سراب را می‌بیند پس باز تشنه است و می‌گردد.

اگر درونت سیراب باشد داشتن یک لیوان یا یک اقیانوس برایت یکی ست. اگر حیوانی از آغاز آفرینش در حال تغییر کردن بوده باشد این تغییر فقط در جسم اوست نه در روح او.

پس چگونه یک میمون که دارای روح میمون است می‌تواند به انسانی که دارای روح انسان است تبدیل شود. آیا خدا کامل نیست که نتواند همه چیز را کامل

بیافرینند؟ چرا باید یک موجود در سیر و تکامل بهتر شدن رشد کند؟ آیا تغییر سیر تکاملی بعضی از حیوانات دلیلش چیست؟ آیا گناه ما باعث این تغییر نشده است؟

کودکی را که خدا سالم آفریده و البته پاک پاک: در۲۰ سالگی مرتکب قتل می‌شود این تغییر از کجا اتفاق افتاده است؟

اگر بر زندگی یک انسان این گونه گناه تأثیر می‌گذارد چگونه بر جسم موجودات تأثیر نگذارد؟ آیا کسی که ۶ انگشت دارد یا ماری که هفت سردارد بدنبال بهتر شدن بوده است؟

پذیرش این نظریهٔ داروین یعنی رد کردن خداوند و انکار ذات انسان بودن خود توست. راستی چرا دانشمندان برای اثبات سخنان خویش آنرا به زمان‌های بسیار دور گذشته یا آینده ربط می‌دهند که هم برای خودشان و هم برای دیگران غیر قابل دسترسی ست. آیا نمی‌دانند درخت سیب در ازل میوهٔ سیب می‌داده و اکنون نیز می‌دهد و تا ابد میوه‌اش سیب است.

درست است که ما توانسته‌ایم باعلم ژنتیک در این روند دست ببریم اما آیا در گذشته این چنین بوده؟ وقتی بدنبال جواب از دانشمندان باشی تو را به جایگاهی در هزاران سال قبل هدایت می‌کنند. یعنی در دل تاریکی. تو می‌توانی ادعا کنی در این تاریکی همه چیز هست چون آنرا نمی‌بینی اما در نور همه چیز آشکار است برای همین اکثراً از نور گریزانند و انکارش می‌کنند.

حیوانات نمی توانند جایگاه انسان را پیدا کنند چون هم روح و نفس و جسم ما با آنها متفاوت است و هم آنها دارای حق اختیار نیستند و تصمیم‌گیری آنها کاملاً ذاتی و فطری ست که خداوند به آنها عطا کرده تا بتوانند زندگی کنند.

اگر میمون توانسته این چنین تغییر بزرگی بکند پس چرا حیوانات و پرندگان و موجودات دیگر نتوانسته اند؟

آیا به صرف پیدا کردن چند اسکلت جمجمه و یا شباهت در راه رفتن و جسم آنها خود را از نسل میمون می‌پندارند؟

من ازنسل آدم هستم. اما اگر تو خود را از نسل میمون می‌پنداری ... چه بگویم...

تو اگر خواب باشی با تکان من بیدار می‌شوی ولی اگر خودت را به خواب بزنی هرگز بیدار نمی‌شوی... خودت می‌دانی... ولی این را بدان سهم ما از دنیا کمتر از صد سال است ... پس اگر درست زندگی نمی‌کنی دیگران را به نادرستی هدایت نکن.

آیا شباهت تصویر تو در آینه دلیل به یکی بودن تو با آن است؟

صحبت کردن، خوراک خوردن، نوع تفکر، نوع احساس، نوع فداکاری، نوع جنس بدن، تفاوت روح، تفاوت خواستن و هزاران دلیل دیگر وجود دارد که ثابت می‌کند انسان نمی‌تواند از نسل میمون باشد و این حرف آنقدر مسخره است که به جای داماد عکسش را کنار عروس بگذاری. اما براستی اگر من بخواهم یک نظریهٔ علمی را بیان کنم اگر یک نفر آن را رد کند همگی دانشمندان فقط به همان یک دلیل اکتفا می‌کنند و نظریهٔ مرا رد می‌کنند اما چرا تا پای نظریهٔ داروین به میان می‌آید همگی آنرا قبول می‌کنند؟

تاریکی، تاریکی را می‌جوید و نور، نور را. تاریکی از نور گریزان است ولی وجود نور یعنی نبود تاریکی.

وقتی یک موبایل را می‌سازند علتش این است که قرار است کار خاصی را انجام بدهد وقتی دانه‌ای را در دل خاک کاشتی آن دانه رشد می‌کند و کاری را انجام می‌دهد که مطابق ذاتش باشد.

ذات دانه را نمی‌شود عوض کرد پس چگونه ذات یک حیوان خاص عوض می‌شود پس اگر عوض شده چرا هنوز میمون وجود دارد؟

چرا همگی انسان نشده‌اند ؟

آیا شباهت ظاهر دلیل به یکی بودن درون است؟ آیا هر گردی گردوست؟
پذیریش نظریهٔ داروین یعنی رد کردن خداوند و تعلیم دهندهٔ این نظریه ... هدایتگر دیگران است به سمت شیطان.
هر انسانی دارای ذات انسان است همانند ذات گندم که فقط گندم می‌دهد نه جو.
ذات میمون، میمون است و ذات انسان، انسان، کسانی که نظریهٔ داروین را قبول می‌کنند ذات انسان را رد کرده‌اند و قبول نمی‌کنند انسان دارای ذات مختص به خود است ذات را نمی‌توان عوض کرد چون غیر قابل دسترسی ست.
شباهت، دلیل به یکی بودن نیست همانند شباهت نفت سفید و آب گوارا: اولی برای مرگ است و دومی برای رفع مرگ.
آیا رباط، انسان می‌شود ...
خداوند، جهان هستی را با قدرت خود آفرید و با علم خود ساخت پس رشد در شناخت علم، تو را در شناخت خداوند رشد می دهد.
محصول قدرت، آفریدن است و محصول علم، ساختن. علم محصور قدرت است.
دانشمندانی که فقط علم، را می‌پذیرند آفرینش را رد می‌کنند. مکاشفهٔ مخلوق یعنی شناخت خدا و رد کردن خدا یعنی مکاشفهٔ مخلوق.
این دانشمندان در این که اولین موجود چه بوده‌است مانده‌اند. چون می‌خواهند از هستی، هستی را بجوئید اما هستی از نیستی آفریده شده ... پس هستی را از نیستی جستجو کن تا به اول هستی نزدیک‌تر شوی.
اما در ازل فقط آفرینش خدا بوده است. اول روح آفریده می‌شود و بعد جسم ساخته می‌شود. بدن انسان از میلیاردها میلیارد سلول و اتم و... ساخته شده و بدن حیوان نیز همینطور. اما جنس سلولهای انسان با حیوان متفاوت است زیرا نمی‌توان خون میمون را به انسان تزریق کرد. زیرا ذات آنها متفاوت است.

صدا: آقای کوراوند گفتید خلاء وزن را می‌پوشاند و هوا آشکارش می‌کند. توضیح دهید.

من: بله درست است هر آنچه وجود دارد دارای وزن است. وزن دلیل بودن است و حجمی ست برای زیستن. وزن بستگی به چگالی، نوع جسم و حجم آن متغیر است. هر چه اختلاف وزن جسم با محیط اطراف بیشتر شود تخریب سقوط بیشتر می‌شود.

اگر جسم در هوا و آب سقوط کند به خاطر نیرو در آب و هواست پس هر چقدر این نیرو بیشتر باشد میزان وزن کاهش می‌یابد البته وزن کم یا زیاد نمی‌شود بلکه اثرش متغیر است.

بر روی زمین آن چیزی که دارای نیروست بر کمبود نیرو اثر می‌گذارد اما در خلاء هیچ بر عکس است کمبود نیرو ... نیرودار را جذب می‌کند.

صدا: شما در مورد این شکل صحبت کردید. لطفاً بیشتر توضیح دهید.

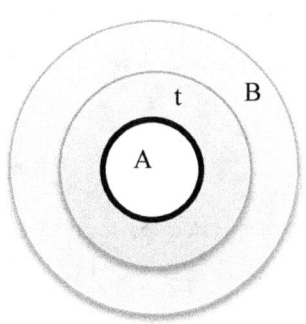

من: باید بگویم این فقط در حد یک نظریه و فرضیه است و امیدوارم کسانی که می‌فهمند در ادامه دادن این فرضیه کمکم کنند.
و البته می دانم کمبود علم من باعث نمی‌شود ایده‌ام را بیان نکن:
ما اگر بخواهیم وسیله‌ای بسازیم که با سرعت زیاد حرکت کند و در یک لحظه تغییر مسیردهد. بر طبق قانون گریز از مرکز باید برای آنان فضائی غیر قابل دسترسی برای این قانون گریز از مرکز درست کنیم قسمت t فضائی ست پر از خلاء در میان B,A پس A در آسودگی ست از میزان لرزشهای B
اگر A را از خلاء سیاه پر کنیم و t را از هوا پر کنیم و B را پر از خلاء هیچ کنیم می‌توانیم تولید حرکت کنیم.
صدا : آقای کوراوند: اینها فقط خیالات و اوهام است.
من : همه چیز از خیالات شروع می‌شود. در خلاء هیچ اگر دو سیب را در یک متری هم قرار دهیم لرزش یک سیب بر دیگری بی‌تأثیر است اما می‌تواند موجب حرکت شود به شرط قانون کوراوند.
ما می‌توانیم از نیازمندی و داشتن، حرکت بسازیم، همیشه گرسنه بدنبال خوراک می‌گردد. این تمام چیزی بود که می‌دانستم.
صدا: لطفاً درمورد اختلاف وزن هوا صحبت کنید و نوع نتیجه گیری شما از این موضوع را بیان کنید.
من: حتماً در ارتفاع و عمق میزان وزن متغیر می‌شود تا بر روی سطح دریا و اگر به اوج و عمق ارتفاع و درون زمین برویم به بی‌وزنی می‌رسیم. پس درون زمین نیز به خلاء می‌رسیم اما از نوع خلاء سیاه . خلاء سیاه مکانی ست تهی از خلاء فضا اما تشنهٔ خلاء هیچ است.
هدفم این بود که عملکرد هوا را در سقوط سیب بیان کنم و بعد در مورد خلاء فضا یا خلاء هیچ سخن بگویم.

صدا: شما در بازی بومرنگ علت کروی بودن زمین را توضیح دادید. لطفاً کامل کنید.

من: ببینید اگر یک قطره از ابر به زمین بیفتد به همان شکلی می‌شود که بر آن فشار وارد می‌شود. اگر این قطره را در خلاء هیچ تصور کنی شکل قطره: کاملاً کروی می‌شود چون از هر طرف به آن فشار وارد می‌شود در خلاء هیچ: سیب بودن یا زمین بودن یکی ست اما میزان دریافت فشار متفاوت است و بستگی به حجم دارد .

اگر زمین را بصورت مذاب تصور کنی از هر طرف فشار خلاء هیچ بر آن وارد می‌شود و آنرا کاملاً شبیه یک کره می‌کند.

ما شمال و جنوب را برای زمین تعریف می‌کنیم اما برای سیارات بی‌معناست. وقتی مواد مذاب در حال سردشدن بود خلاء سیاه در درون زمین شکل گرفت پس از هر طرف این فشار جاذبه را دریافت می‌کند پس به شکل کروی در آمده است و این کروی بودن در مدار خود بهترین تأثیر را دارد. وقتی یک جسم سرد می‌شود تمام انرژی خود را آزاد می‌کند ولی در خلاء این انرژی را به درون خودش فرو می‌کشد. و در این صورت مسیر انرژی از سطح به درون زیاد می‌شود و در هسته بیشترین فشار را وارد می‌کند و از سمت بیرون خود نیز جاذبه ایجاد می‌کند یعنی از درون دفع می‌کند و از بیرون جذب می‌کند. دو سیاره یا سیاره و خورشید همدیگر را دفع می‌کنند اما خلاء سیاه، خلاء هیچ را جذب می‌کند.

صدا: پس به نظر شما زمین در آغاز مذاب بوده است؟

من: بله درست است مذاب بوده است از حالت مذاب رو به سردی گذاشته‌است رو به درون.

تا بتواند خلاء سیاه را به وجود آورد.

صدا: پس خورشید آیا در حال سرد شدن است؟ اگر چنین است نیروی درونش چه می شود؟

من: اگر خورشید در حال مذاب به شکل اول زمین بوده‌باشد و تازه در حال سرد شدن پس می تواند نیروی جاذبه یا دافعه داشته باشد برای همین من معتقدم تمام انفجارات و مواد مذاب بیرون خورشید که بر سطح آن در جریان است حاصل زلزله و آتش فشان است. دمای درون خورشید بسیار بالاتر است تا سطح آن و میزان خلاء سیاه آن بسیار زیاد است. حتما میزان گسل های سطح آن نیز بسیار زیاد است چون دائماً در حال انفجار و زلزله و آتش فشان است.

صدا: آیا تمامی سیارات بر طبق همین قانون کار می‌کنند؟ (قانون کوراوند)

من: بله طبق قانون کوراوند کار می‌کنند. هر سیاره‌ای یا ستاره‌ای که وجود دارد و در حال تاثیرگذاری و تاثیرپذیری است و دارای خلاء سیاه می‌باشد و بر طبق این قانون کوراوند با دیگر سیارات و ستارگان در ارتباط می‌باشد.

خوشحال بودم که توانسته بودم حرف‌هایم را بزنم، همگی گوش می‌دادند و ساکت بودند و البته متعجب و شاید هم خسته شده بودند... نمی دانم!

به ساعتم نگاه کردم وای ۴ ساعت گذشته بود... چقدر زود گذشت ... بله اگردر مسیر هدفت که خدا برایت در نظر گرفته حرکت کنی دیگر گذر زمان برایت بی‌معنا می‌شود چون با روح یکی می‌شوی پس سوار بر زمان خواهی‌شد پس فتح کننده‌ی هر مکان خواهی بود.

صدا: جناب آقای کوراوند... ممنون هستیم از بابت فرمایشاتتان ... آیا صحبتی دیگر دارید؟

من: خدا را شکر خوش گذشت هرچه بود گذشت.

امیدوارم در جلسات بعدی بتوانم در مورد راز مثلث برمودا، منشا زلزله، چرخش سیارات و ستارگان و... صحبت کنم.

صدا: بسیار عالی... خواهیم شنید ...
حضار گرامی... آقای کوراوند ... اینک پایان جلسه اول را اعلام می‌کنم.
همگی بلند شدند و رفتند.
و من باز با خداوند تنها شدم... .

آغاز جلسه دوم

صدا: جلسه دوم را آغاز می‌کنیم.
آقای کوراوند صحبتی دارید؟
من: درود به همگی، من از جلسه اول راضی هستم و امیدوارم جلسه دوم را بهتر اجرا کنم.
فقط چون این جلسه تماماً به هم متصل است خواهشمندم سوالات خود را در آخر مطرح کنید.
صدا: لطفاً بفرمایید.
من: خداوندا امروز را به تو می‌سپارم و امید که خودم باشم همانی که نزد تو گرانبهاست.
حضار گرامی: می‌خواهم اول از مثلث برمودا شروع کنم. برای شرح دادن منشأ مثلث برمودا من باید اول قانون کوراوند را که رابطه بین سیارات و ستاره‌ها و درون و بیرون آن هاست را بیان کنم.

راز افتادن سیب

آیا درون زمین خلا وجود دارد؟ چیست و کجاست؟ چه ارتباطی مابین این خلاء و بیرون زمین است؟ از کجا قابل کشف است؟ چگونه عمل می‌کند و چه ارتباطی با مثلث برمودا دارد.

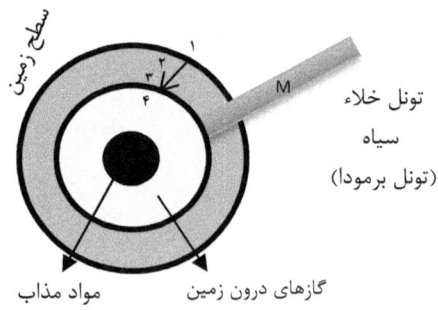

شکل A

آیا نیروی درون زمین چه تاثیری بر سیارات می‌گذارد؟

آیا در چرخش زمین به دور خود تاثیر دارد؟

چرا مثلث برمودا فقط در آن نقطه از زمین قرار دارد؟ آیا جای دیگری شبیه اینجاست؟ چرا؟

چطور می‌تواند حتی هواپیما را تحت تاثیر بگذارد؟

هواپیما و کشتی ها کجا می‌روند؟

چرا عقربه های قطب نما در مثلث برمودا به دور خود می‌چرخد؟

همگی گوش می‌دادند و برایشان جالب شده بود این را حس می‌کردم، پس ادامه دادم.

حضار گرامی می‌دانید هر چه به درون زمین برویم میزان وزن ما کاهش می‌یابد تا جایی که به حالت بی وزنی می‌رسیم. اما چطور ممکن است؟ درون زمین

همانند بیرون لایه ازن، خلاء وجود دارد. اما درون زمین خلاء سیاه است که حاصل نبود خلاء فضاست که جذب کننده خلاء هیچ است.

خلاء سیاه ← زمین ← هوا ← خلاء هیچ

چه تفاوتی میان خلاء سیاه و خلاء فضاست؟ چه شباهتی میان خلاء سیاه و خلاء هیچ است؟ چه ارتباطی با هم دارند؟

قبلاً گفتیم که خلاء سیاه بعد از سرد شدن زمین به وجود آمده است. وقتی زمین از سطح بیرون به سمت درون (از ۱ به ۴) در حال سرد شدن بود مقداری از گازهای آن به درون هسته مرکزی زمین همراه با مواد مذاب فرو رفت. هوا از خلاء گریزان است. مواد مذاب درون زمین است و دور تا دور آن: گازهاست از شماره ۱ تا ۴ به ترتیب به اوج فشار خلاء سیاه می‌رسیم.

نیروی خلاء سیاه به سمت درون: فشار است و از سمت بیرون جذب کننده خلاء هیچ است و نیرویش رو به درون است ولی تاثیر آن: پدیدار شدن نیروی جاذبه‌ای است که خلاء هیچ را به شدت جذب می کند.

اگر هوا را در آب رهاکنی بالا می‌آید و به سمت هوا می‌رود تا با هوا یکی شود. اما هوا در خلاء همانند تاریکی در برابر نور عمل می‌کند. تاریکی از نور گریزان است و محصول نبود نور است. اگر در سفینه را باز کنی در خلاء هیچ: هوا به درون فرار می‌کند و نمی‌تواند وارد خلاء شود.

شاید از این موضوع می‌شود برای به حرکت در آوردن سفینه در فضا استفاده کرد.

در زمانی که زمین در حال سرد شدن بوده است گازهای سمی را به درون خود جذب کرده و هوا را باقی گذاشته است و خلاء هیچ این هوا را در اطراف زمین نگه می‌دارد چون با خلاء سیاه در جاذبه است و در این میان خلاء سیاه به وجود آمده است. در زمان سرد شدن زمین: خلاء هیچ را به یک اندازه دریافت

می‌کند پس برای همین است که زمین و سیارات و ستاره‌ها، کروی شکل هستند. درون زمین و در میان هستهٔ آن، مذاب پر حرارتی نهفته است.

در میان خلاء سیاه و مواد مذاب درون زمین: گازهای بسیاری هست و تحت فشار عظیم خلاء سیاه قرار دارد. این تصویر همانند تصویر سیاه چاله در فضاست با این تفاوت که درون یکی مواد مذاب و گازهاست و درون دیگری تاریکی و فشار مطلق ...

هر سیاره‌ای نابود شود خلاء سیاه در آن آزاد می‌شود و همچون یک حیوان وحشی شروع بلعیدن اطرافش می‌کند. خلاء سیاه خلاء هیچ را به سمت خود جذب می‌کند اما با هوا رو به رو می‌شود اگر هوا نبود خلاء هیچ بر اثر نیروی جاذبه خلاء سیاه تا به روی سطح زمین حضور پیدا می‌کرد. اما نمی‌توانست خلاء هیچ را به درون خود بکشد.

(شکل p)

مثال: وقتی حجامت می‌کنید آتش را درون یک لیوان می‌اندازند و آن را بر روی پوست قرار می‌دهند وقتی هوا نباشد آتش خاموش می‌شود و شروع به جذب هوا از طریق پوست می‌کند و در این هنگام خلاء ایجاد می‌شود. آنقدر قدرت دارد که می‌تواند خون لخته را جذب کند. این خلاء حاصل نبود هواست پس هوا را به درون جذب می‌کند. اما خلاء سیاه حاصل نبود خلاء هیچ است. حاصل نبود انرژی و نیروی خلاء هیچ، پس آن را به سمت درون خود جذب می‌کند. تا زمانی که خلاء سیاه هست جاذبه خلاء هیچ با خلاء سیاه هم وجود دارد.
پس نتیجه می‌گیریم تمامی سیارات و ستاره‌ها اول مذاب بوده‌اند و درحال سرد شدن... درونشان تبدیل به خلاء سیاه شده است اما آیا قبل از مذاب گاز بوده‌اند؟
می‌توان گفت: گاز بوده است و همزمان با تبدیل شدن به مذاب و سرد شدن این گازها و مواد مذاب به درون هسته مرکزی زمین کشانده شده‌اند.

این نیروی جاذبه خلاء سیاه: تمام موجودات را بر زمین نگاه می‌دارد و بر زمین می‌چسباند اما نمی‌تواند باعث سقوط سیب شود. هوا باعث سقوط می‌شود و جاذبه خلاء سیاه باعث ماندن سیب سقوط کرده بر زمین می‌شود و خلاء هیچ باعث ماندگاری هوا بر زمین می‌شود و این حکمت عظیم خداوند است.
در زمین گفتیم آن جسمی که دارای نیروست بر جسم کمبود نیرو اثر می‌گذارد. اما در خلاء برعکس است. در درون هسته مرکزی سیاه چاله میزان جاذبه و فشار در اوج خود است و هر آنچه را ببلعد نابود می‌کند. در شکل A در قسمت ۴ میزان فشار و جاذبه خلاء سیاه در اوج خود قرار دارد.
اگر نوک یک سرنگ پلاستیکی را به یک توپ کوچک پلاستیکی وصل کنی و پمپ را عقب بکشی توپ به نوک سرنگ می‌چسبد ولی نمی‌تواند وارد سرنگ شود اما آنجا می‌ماند تا زمانی که نیروی جاذبه وجود دارد.

در درون خلاء سیاه گازهایی وجود دارد که به دور مواد مذاب قرار گرفته اند و تحت فشار بسیار عظیم خلاء سیاه قرار دارند و هرگاه راهی پیدا شود که این گازها به سطح زمین برسند با سرعت و فشار عظیمی به بیرون پرتاب می‌شوند و این راز منشاء آتشفشان است و چون کوه های آتشفشان از آغاز شکل گیری زمین بوده‌اند نتیجه می‌گیریم وقتی زمین درحال سرد شدن بوده است و خلاء سیاه در حال شکل گیری بوده است این مواد مذاب و گازها به بیروه رخنه کرده‌اند و توانسته‌اند کوه‌های آتشفشان را بوجود بیاورند. کوه‌های آتشفشان حکم سوپاپ زودپز را دارند یعنی سوپاپ اطمینان کره زمین. این آتش فشان ها در اکثر زمین قرار دارند.

کوه‌های آتش‌فشان در تمامی سیارات هستند اما فقط در زمین و خورشید قابل فعالیت هستند. در سیارات دیگر چون میزان جاذبه‌ی خلاء هیچ با خلاء سیاه بسیار است اجازه نمی‌دهد مواد مذاب به بیرون پرتاب شوند، اما زلزله در همه جا رخ می‌دهد. یعنی در همه‌ی سیارات و ستاره‌ها چون همگی دارای خلاء سیاه هستند.

فشار خلاء سیاه نمی‌تواند گازها را پرس کند، برای همین وجود گازها به دور مواد مذاب الزامیست.

منشأ زلزله درونی است نه بیرونی. فشار مرکز زمین می‌تواند به فشار مطلق برسد. اگر در درون هسته ی مذاب شکل زمین انفجار رخ دهد این ارتعاشات بر بدنه ی خلاء سیاه تأثیر می‌گذارد و هم زمان بر پوسته‌ی زمین. هرجا از پوسته‌ی زمین که دارای گسل‌ها و ترک‌هایی باشد این تنش را پدیدار می‌سازد و هر مکانی که بر روی گسل‌ها باشد تحت تأثیر این تکان ها قرار می‌گیرد که اسمش را زلزله نام می‌گذارند.

زلزله ناشی از انفجار گازها و مواد مذاب درون هسته است.

در مکان مثلث برمودا: دقیقا در زیر آن عمیق‌ترین جای اقیانوس اطلس قرار دارد. منشأ پدیدار شدن مثلث برمودا در انفجار درون هسته‌ی زمین است و چون عمق زیر این مثلث عمیق‌ترین جای اقیانوس است و شاید عمیق ترین جای کره ی زمین، پس پوسته‌ی زمین در این مکان نازک‌ترین حد خود را دارد.

زمانی که خلاء سیاه با خلاء هیچ ارتباط می گذارد مثلث برمودا پدیدار می‌شود.

اما چطور و چگونه و در چه زمانی؟

علت ایجاد مکش مثلث برمودا در رابطه‌ی بسیار عظیم خلاء هیچ با خلاء سیاه زمین است.

به شکل A برگردیم.

گفتیم در زیر مثلث برمودا عمیق‌ترین جای اقیانوس قرار دارد. یعنی نزدیکترین فاصله‌ی زمین تا نقطه‌ی اوج فشار خلاء سیاه در نقطه‌ی ۴ از شکل A.

در این شکل استوانه یا تونل خلاء سیاه شکل می‌گیرد که از خلاء سیاه به سمت خلاء هیچ امتداد دارد. در این تونل خلاء سیاه یا تونل برمودا: آب و هوایی وجود ندارد اما نیروی جاذبه‌ی بسیار قوی وجود دارد، که از سمت خلاء سیاه به سمت خلاء هیچ امتداد پیدا می‌کند. درآب بصورت گردآب و در هوا بصورت گردباد می‌چرخد. اما در آسمان نامرئیست. این تونل خلاء سیاه هر آن چه در آب، بر آب و در آسمان است را به سمت خود جذب می‌کند. مطمئنا ماهی‌های دریا هم همانند حیوانات و پرندگان خشکی: قبل از وقوع این اتفاق: آن را پیش‌بینی می‌کنند. این تونل همه چیز را بصورت چرخشی جذب می‌کند و بهتر بگوییم می‌بلعد و این بلعیدن آن چنان پر سرعت است که هرگونه عکس‌العمل را از قربانی می‌گیرد و او حتی نمی‌داند کجاست. این خلاء سیاه همانند سیاه چاله‌ی فضا عمل می‌کند و همه چیز را بصورت چرخشی می‌بلعد.

راز افتادن سیب

صدا... رابطه‌ی دو خلاء چگونه است و چگونه با سیارات و ستاره‌ها ارتباط برقرار می‌کنند؟

من ... خلاء سیاه خلاء هیچ را جذب می‌کند اما چون با آب و هوا و خاک، این فاصله پوشیده شده پس برایش غیر قابل دسترسی می‌باشد. اما تولید ساحل هوا یا لایه‌ی ازن می‌کند و تمام خلاء هیچ بر این هوا فشار وارد می‌کند تا هوا را در این ارتفاع نگاه دارد تا به سطح دریا و هوا نیز باعث افتادن سیب می‌شود. رابطه‌ی بین دو خلاء سیاه در دو سیاره در حالت دافعه قرار دارند.

راز اصلی پدیدار شدن مثلث برمودا

گفتیم در زیر اقیانوس دقیقا در زیر مثلث برمودا ... عمیق‌ترین قسمت اقیانوس و نازک‌ترین پوسته‌ی زمین وجود دارد. تا حدی که عمق آب در آن جا به ۹/۲۰۰ متر می‌رسد.

در زیر آب دریا نیز کوه های آتش‌فشان وجود دارد، پس زلزله رخ می‌دهد و شاید مواد مذاب هم به بیرون بریزد چون فشار خروج مواد مذاب بسیار عظیم‌تر است تا فشار آب بر دهانه‌ی آتش‌فشان. اما میزان جاذبه‌ی خلاء سیاه در عمق آب بیشتر است تا سطح زمین، چون به نقطه ی ۴ از شکل A نزدیکتر است. از ۱ تا ۴ میزان جاذبه‌ی خلاء سیاه بیشتر و از ۴ به ۱ کمتر می‌شود. پس این فاصله در زیر نقطه‌ی مثلث برمودا کمتر است تا هر جای دیگر زمین و مطمئنا در زیر این مثلث برمودا گسل‌هایی وجود دارد. آب نمی‌تواند جای پوسته‌ی زمین را برای خلاء سیاه جبران کند یعنی از شماره ۱ تا ۴. پس اگر از مثلث برمودا به عمق دریا و زمین برویم به مواد مذاب خواهیم رسید. پس اگر انفجاری در این قسمت در دل هسته‌ی زمین رخ دهد. این انفجار باعث جابجایی و لرزش پوسته‌ی زمین در زیر مثلث برمودا می‌شود. پس در زیر مثلث برمودا بر سطح کف اقیانوس، شکافی ایجاد می‌شود تا راهی برای رسیدن میزان

جاذبه ی قوی نقطه ی ۴ به سمت آسمان بالا باز شود و این یعنی تونل خلاء سیاه ایجاد می‌شود و همه چیز را به درون خود می‌بلعد اما نمی‌تواند همه‌ی آن‌ها را از کف اقیانوس عبور دهد، پس در کف اقیانوس می‌توان تکه‌های قربانی‌ها را پیدا کرد.

بشقاب پرنده

چطور می‌شود از داخل یک بشقاب پرنده که در فاصله‌ی یک کیلومتری آسمان تا زمین قرار گرفته شخصی بالا و پایین بیاید یعنی بدون پلکان و بدون وسیله نقلیه؟

اگر بین بشقاب پرنده و زمین تونل خلاء مصنوعی ایجاد شود بشقاب پرنده می‌تواند مسافرانش را هم بالا ببرد و هم پایین. یعنی از نیروی دافعه و جاذبه برای نقل مکان مسافرانش استفاده بکند.

(شکل S)

سوالات مهم

۱- آیا خلاء سیاه سبب نیروی دافعه ما بین سیارات و ستاره‌ی خورشید می‌شود؟

۲- آیا خلاء سیاه در زمین باعث چرخش زمین به دور خود می‌شود؟

۳- آیا این خلاء سیاه چه نقشی در چرخش زمین به دور خورشید دارد؟

راز افتادن سیب

۴- رابطه‌ی خلاء سیاه خورشید با خلاء سیاه زمین چیست؟
۵- آیا خلاء سیاه در زمین باعث می‌شود که ماه به دور خورشید بچرخد؟
۶- آیا سیاه‌چاله‌ها بزرگتر می‌شوند؟

گفتیم که یک سیاه چاله از نابودی سیاره پدید می‌آید و بهتر بگویم آزاد می‌شود و هر آنچه که اطراف خود است را می‌بلعد و هر چه ببلعد بزرگتر می‌شود. اگر سیاره یا ستاره‌ای را ببلعد بزرگتر می‌شود. نیروی خلاء سیاه با بلعیدن خلاء سیاه دیگر سیارات یا ستاره‌ها بزرگتر می‌شود. اما تا سیاره‌ای نابود نشود خلاء سیاه نمی‌تواند خود را نشان دهد و در این هنگام فقط قدرت جاذبه و دافعهٔ آن است که خود را قبل از نابودی سیاره نشان می‌دهد. خلاء سیاه زمانی که آزاد می‌شود به سیاه چاله معروف می‌شود.

خلاء سیاه خورشید بزرگتر از خلاء سیاه همه سیارات این منظومه است. برای همین چون دو خلاء سیاه نسبت به هم حالت دافعه دارند باعث دور ماندن سیارات از خودش می‌شود و چون خود خورشید در حال چرخیدن است سیارات را به دور خود با دافعهٔ درون خود و دیگر سیارات به چرخش وا می‌دارد. پس علت پدیدارشدن مدار سیارات به دور خورشید نیروی دافعه است نه جاذبه.

هر چه به خورشید نزدیکتر می‌شویم میزان جاذبهٔ خلاء سیاه نسبت به خلاء هیچ کمتر می‌شود. پس میزان دافعهٔ خلاء سیاه سیارات با خورشید بیشتر می‌شود برای همین باید حجم سیاره کوچکتر شود تا نسوزد و پرتاب نشود.

برای همین اندازهٔ عطارد تا ناهید و زمین به ترتیب بزرگتر می‌شود. اما مریخ نه.

نیروی خلاء سیاه، خلاء هیچ را جذب می‌کند و این حکم یک ترمز ABS را برای سیارات دارد.

میزان نسبت خلاء سیاه هر سیاره برای ماندن در مسیر مدار شکل خود و چرخش به دور خود بستگی به فاصلهٔ آن تا خورشید و دیگر سیارات و جایگاه آنها در منظومهٔ شمسی دارد.

علت‌های ماندن زمین و سیارات در مدارشان = فاصله سیاره تا خورشید و تا سیاره‌های دیگر + میزان خلاء سیاه + تأثیرات دافعهٔ خورشید و دیگر سیارات بر آن + رابطهٔ خلاء سیاه با خلاء هیچ + قمرهای دور آن سیاره. میزان نیاز یک سیاره به خلاء سیاه بستگی به جایگاه آن در مدار سیارات دارد.

قمرها یا ماه‌های دور سیارات به آنها کمک می‌کند تا در این مدار بمانند.

پس نیروی بین خورشید و زمین: دافعه است نه جاذبه و همچنین نیروی بین سیارات هم دافعه است نیروی خلاء سیاه در خورشید آنقدر بزرگ است که می‌تواند به تنهائی تا بعد از پلوتون، کمربند سیارک‌ها را ایجاد کند که به محور N آنرا بیان می‌کنم ولی از عطارد تا پلوتون : کمرنگ‌تر می‌شود.

خلاء سیاه زمین با خلاء هیچ فضا در رابطهٔ جاذبه قرار دارد و این رابطه باعث حرکت زمین به دور خود می‌شود ولی در همین حال تحت نیروی دافعهٔ خورشید قرار دارد. رابطهٔ بین خلاء سیاه زمین با خورشید و دیگر سیارات باعث ایجاد چرخش مدار شکل زمین به دور خورشید می‌شود.

شنیدم که ژاپن از رابطهٔ دفع: برای به حرکت آوردن قطار استفاده کرده است ولی با نیروی جاذبه نمی‌توان این کار را کرد.

دافعه باعث فرار می‌شود و جاذبه باعث قرار و سکون می‌شود.

راز افتادن سیب

ماه و دیگر سیارات نیز دارای خلاء سیاه می‌باشند برای همین به دور زمین می‌گردد و در عین حال به دور خورشید هم می‌گردد. میزان خلاء سیاه ماه کمتر است تا خلاء سیاه زمین.

بین تمام سیارات و ستارهٔ خورشید نیروی دافعه وجود دارد اما بین هر کدام از خلاء سیاه آنان با خلاء هیچ نیروی جاذبه وجود دارد.

(شکل B)

خلاء سیاه مشتری بعد از خورشید از همگی سیارات بزرگتر است.

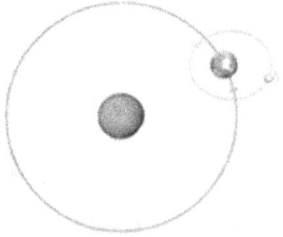

(شکل C)

ماه به دور زمین می‌چرخد بر طبق گردش زمین به دور خود. پس به دور خورشید نیز می‌گردد. زمین همیشه یک طرفش رو به نور است و طرف دیگرش رو به تاریکی.

وقتی زمین یک طرفش رو به خورشید است نیروی دافعهٔ خورشید بر نیروی دافعهٔ زمین غلبه می‌کند و آنرا عقب می‌راند و البته به حرکت وا می‌دارد.

در این هنگام نیروی خلاء سیاه زمین بیشترین اثر را به آب دریا می‌گذارد زیرا نیروی دافعهٔ خورشید، آب را همراه با نیروی جاذبهٔ خلاء سیاه درون زمین به عقب می‌راند. چون خلاء سیاه بر آنچه بر زمین است نیروی جاذبه و بر آنچه بر سیارات و ستاره خورشید است نیروی دافعه وارد می‌کند. وقتی آب در طرف روز عقب رانده شود در آن طرف یعنی در شب: بیرون زده می‌شود و این علت اصلی جزر و مد است نه حرکت ماه به دور زمین.

همه موجودات در روز تحت نیروی دافعهٔ خورشید قرار دارند ولی در شب نه، برای همین خواب شب بسیار آرامش بخش تر است تا خواب روز باز می‌گویم جزر و مد ربطی به حضور ماه ندارد بلکه نیروی دافعهٔ خورشید در روز بیشتر بر قسمت نورانی زمین اثر می‌گذارد تا قسمت تاریک آن. نیروی خلاء سیاه خورشید برکل زمین و نیروی خلاء سیاه زمین اثر می‌گذارد و آن را پَس می‌زند چون باعث حرکت زمین در مدار می‌شود و آب هم از آن طرف بالا می‌آید و خلاء سیاه زمین نور را جذب کرده و قدرت جاذبه‌اش بیشتر می‌شود و آب را در روز بیشتر جذب می‌کند.

پس خورشید همهٔ سیارات را با خلاء سیاه خود دفع می‌کند اما هم زمان هر سیاره چون خلاء سیاه دارد با خلاء هیچ در ارتباطی جاذبه‌ای قرار دارد. از طرفی دیگر نیروی خلاء سیاه هر سیاره بر سیارهٔ دیگر اثر می‌گذارد و این راز چرخش سیارات در مدارشان می‌باشد و جاذبه باعث چرخش سیاره به دور خود می‌شود (جاذبهٔ بین سیاره با خلاء هیچ)

خلاء سیاه در خورشید باعث دفع خلاء سیاه زمین می‌شود اما این خلاء سیاه زمین بواسطهٔ جذب خلاء هیچ و دفع دیگر سیارات در مدارش بصورت همیشگی می‌چرخد و به دور خود نیز می‌چرخد.

صدا ... اگر مدار زمین به دور خورشید بصورت بیضی باشد. علتش چیست؟

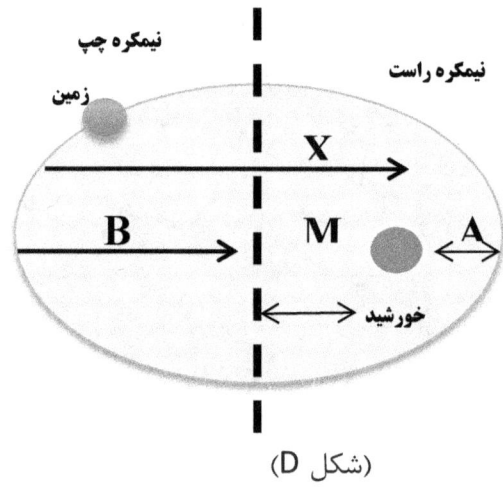

A

(شکل D)

من ... سرعت گردش زمین در قسمت راست بیشتر است تا سرعت گردش زمین در قسمت چپ

فاصلهٔ این دو با هم برابر است M=A

(B+M)>A ، چون فاصله X نسبت به فاصلهٔ A بزرگتر است پس میزان دافعهٔ خلاء سیاه خورشید بر خلاء سیاه زمین کمتر است . برای همین سرعت چرخش زمین در قسمت راست بیشتر است تا قسمت چپ.

اما در تمام طول این مسیر مدار شکل، میزان دافعهٔ نیروی خلاء سیاه سیارات دیگر و ماه بر زمین حیاتی ست. چون باعث ماندن و حرکت کردن زمین در این مدار می‌شود.

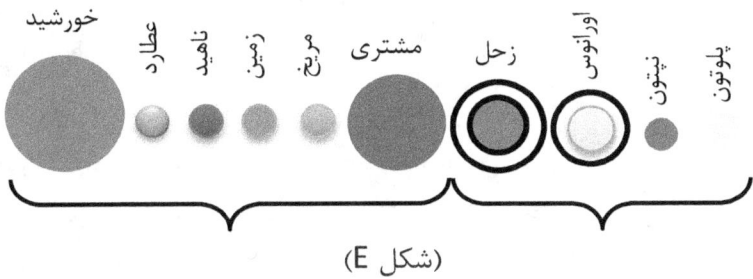

(شکل E)

ترتیب سیارات:

گفتیم هر چه از خورشید به سمت مشتری حرکت کنیم میزان خلاء سیاه درون آنها باید بزرگتر شود اما نه به آن اندازه که خورشید آنها را پرتاب کند بلکه تا حدی که در مدار بمانند و در جایگاه خود بر دیگر سیارات تأثیر مثبت بگذارند.

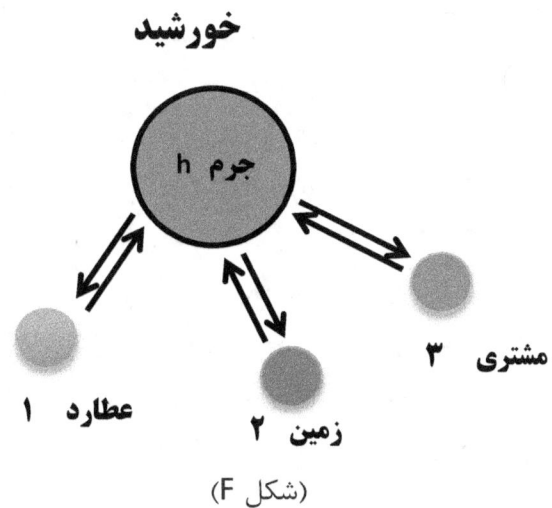

(شکل F)

راز افتادن سیب

اگر جرم h بزرگتر از همه جرم‌های ۱ و ۲ و ۳ باشد و البته در خلاء هیچ قرار داشته باشد. اگر مابین هر کدام با خورشید نیروی جاذبه باشد چه اتفاقی می‌افتد ؟

تمام جرم‌های ۱ و ۲و ۳ در یک فاصله با h قرار دارند. پس نیروی جاذبه خورشید ، عطارد یا ۱ را جذب می‌کند و نابود می‌کند.

در نیروی جاذبه بین خورشید و سیارات در فضای خلاء: اگر در درون هر کدام نیروی جاذبه باشد اول آنکه بزرگتر است را جذب می‌کند و اگر دافعه می‌باشد اول بزرگتر را دفع می‌کند . چون میزان دریافت جاذبه یا دافعه بستگی به خلاء سیاه درون سیارات دارد. هر که بزرگتر است تأثیرپذیرتر است.

پس میزان حجم و خلاء سیاه هر سیاره باید دقیقاً همانی باشد که جایگاهش نشان می‌دهد و تعداد قمرهای دور هر سیاره دقیقاً به همان تعداد است که سیاره را در مدار نگاه می‌دارد.

یک سیاره برای چرخیدن به دور خورشید نیاز به نیروی دافعهٔ خورشید و دیگر سیارات دارد.

و برای ماندن نیاز به نیروی جاذبهٔ بین خلاء سیاه و خلاء هیچ و نیروی دافعهٔ قمرهای خود دارد. از مشتری به بعد این حجم کمتر می‌شود چون اگر می‌خواست بزرگتر شود یا سیاره منفجر می‌شد توسط خلاء سیاه درون خود یا میزان دافعهٔ خلاء سیاه درونش: دیگر سیارات را دفع می‌کرد و باعث نابودی مسیر مدار شکل سیارات به دور خورشید می‌شد.

همه چیز به اندازه و به درستی جایگاه: قرار گرفته است و این فقط معجزهٔ آفریدگار من است. میزان تأثیرگذاری خلاء سیاه خورشید بر پنج سیارهٔ آخر کمتر است تا چهار سیارهٔ اول. شنیدم که دانشمندان: سیارهٔ پلوتون را از منظومهٔ شمسی خط زده‌اند . اما اگر پلوتون نباشد چه می‌شود؟

سیارهٔ نپتون برای ماندن در مسیر نیازمند نیروی دافعهٔ خلاء سیاه پلوتون می‌باشد و اگر پلوتون نبود نپتون این کمبود را نمی‌توانست طاقت بیاورد پس از منظومه خارج می‌شد و به ترتیب تمام سیارات خارج می‌شدند. پلوتون حکم سوپاپ اطمینان را بازی می‌کند. خود پلوتون نیز دارای چندین قمر است که آن را در مدار خودش به دور خورشید نگاه می‌دارد البته پلوتون تحت تأثیر نیروی دافعهٔ سیارات دیگر + خورشید نیز هست . منظومه شمسی دارای سیارات بیشتری بعد از محور N می‌باشد که بر هم تاثیر گذارند تا آنکه به محور خنثی می رسند و از آن به بعد وارد منظومه بعدی می‌شویم.
زمین بزرگترین سیاره محور اول و مشتری بزرگترین سیاره محور دوم می‌باشد.
نیروی دافعهٔ خورشید بر پلوتون اثر می‌گذارد اما تأثیر آن کمتر است تا بقیهٔ سیارات هم به لحاظ فاصله و هم به لحاظ حجم و داشتن میزان خلاء سیاه در آن. پلوتون کوچکتر از عطارد است برای همین تحت نیروی دافعهٔ خورشید و دیگر سیارات در مدار 17° صفحهٔ مدار سیارات قرار داد و به عبارتی به بالا رانده می‌شود.
سیارهٔ عطارد میان خورشید و ناهید قرار دارد و دارای کمترین خلاء سیاه در میان چهار سیارهٔ اول می‌باشد. نیروی دافعهٔ خورشید و دیگر سیارات پشت عطارد باعث می‌شود این سیاره در مدار ۷° گردش کند چون بالا رانده می‌شوداما پرتاب نمی‌شود چون میزان خلاء سیاه درون آن بسیار کمتراست تا بقیه سیارات نزدیکش و خورشید.
ولی هم زمان خلاء سیاه عطارد با خلاء هیچ در ارتباط جاذبه است تا بتواند به دور خود بچرخد من تمام این قانون کهکشان راه شیری را قانون کوراوند نام می‌گذارم.
صدا ... سوال:

۱) چرا زحل و اورانوس دارای حلقه های دور خود هستند؟

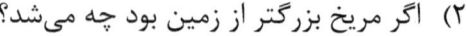

۲) اگر مریخ بزرگتر از زمین بود چه می‌شد؟

۳) چرا ماه به دور زمین می‌چرخد؟

من ... اگر سیاره مریخ بزرگتر از زمین بود خلاء سیاه مریخ بر خلاء سیاه زمین و مشتری اثر می‌گذاشت و تاثیر نیروی دافعه مشتری بر پنج سیاره آخر به هم می‌ریخت و زمین را از این سرعت خارج می‌کرد و حتما باید تعداد قمرهای مریخ و زمین بیشتر می‌شدند.

کارکردن نیروی دافعه با جاذبه خلاء سیاه زمین همانند حرکت موشک به جلو و خروج مواد سوختی آن به عقب است. جاذبه رو به درون و دافعه رو به بیرون است.

نیروی دافعه خورشید تا آنسوی پلوتون امتداد دارد. پس نتیجه می‌گیریم حجم مریخ باید کمتر می‌شد تا تاثیرش اندک شود اما باید باشد تا بتواند از طریق نیروی دافعه اش نیروی مورد نیاز زمین و مشتری را تامین کند هرچند اندک اما حیاتی. البته بعد از پلوتون سیارات کشف نشده‌ای هستند که باعث تقویت ماندن پلوتون در مدارش می‌شوند تا آنکه به مدار خنثی می‌رسیم.

هر سیاره‌ای نیازمند نیروی تمام سیارات + خورشید است اما به مقدار لازم اگر کمی زیادتر یا کمتر باشد و اگر کمی فاصله هر ستاره تا خورشید تغییر می‌کرد و اگر خلاء سیاه آنها ازاین مقدار کمتر یا بیشتر بود این منظومه نابود می‌شد و این قدرت خداوند آفریدگار من است.

کمربند سیارکی که ما بین سیاره مشتری و مریخ است بنام محور M نام گذاری کرده‌ام و این محور M خودش نیز دارای خلاء سیاه می‌باشد اگر چه از هزاران سیاره کوچک و تکه های فلز و سنگ تشکیل شده باشد.

پس نقش سیاره مشتری و مریخ در ایجاد این محور M حیاتی ست. اما جبران این کمبود خلاء سیاه مریخ توسط دو قمر آن جبران می‌شود.

مشتری در بهترین مکان و بهترین حجم خود قراردارد تا بتواند هم بر محور M و مریخ اثر بگذارد و هم بر پنج سیاره آخر، فاصله مریخ تا مشتری برای به حرکت در آوردن مریخ حیاتی ست.

میزان خلاء سیاه از مشتری تاپلوتون کمتر می‌شود ولی تا اندازه ای هست که بتوانند خلاء هیچ را جذب کنند تا بچرخند اما همچنان تحت نیروی دافعه سیاره های اطراف و خورشید قراردارند.

حلقه هائی که به دور زحل و اورانوس قراردارند همانند مدار سیارات به دور خورشید است و همانند محورهای M و N هستند و در حقیقت علت بوجود آمدنشان همان علت بوجود آمدن محورهای M و N می‌باشد. چون تحت تاثیر نیروی دافعه سیارات قبل و بعد هستند.

میزان دافعه خورشید برای زحل و اورانوس کمتر است تا عطارد تا مشتری برای همین نیروی دافعه خورشید نمی‌تواند این حلقه ها را دفع کند و به محور N منتقل کند.

مدار M از عناصری تشکیل شده که مابین چهار سیاره اول بوده است و براثر نیروی دافعه خورشید به آن جایگاه رانده شده‌اند و جنس آنها از فلز و سنگ می‌باشد. اما جنس محور N از چیزی شبیه یخ و مواد ناپایدار مثل آب می‌باشد.

حلقه‌های اورانوس و زحل همانند تار عنکبوت این ناخالصی های درون را دریافت می‌کند و در مدار خود جای می‌دهد. چون مابین زحل و مشتری و زحل و اورانوس و اورانوس با نپتون نیروی دافعه وجود دارد.

میزان دافعه سیارات بر خورشید اثر ندارد اما میزان جاذبه خلاء سیاه خورشید با خلاء هیچ باعث چرخش خورشید به دور خودش می‌شود.

بیان دیگر: میزان دافعه خلاء سیاه خورشید برای چهار سیاره اول بسیار بیشتر است تا پنج سیاره آخر و این علت پدید نیامدن حلقه به دور این چهار سیاره اول می‌باشد اما باعث تولید محور M می‌شود و این خلاء سیاه هرچه دورتر

شود اثرش کمتر می‌شود اما مشتری این کمبود را برای پنج سیاره آخر جبران می‌کند اما نه به اندازه خورشید. چون اگر به اندازه خورشید نیروی دافعه داشت دور زحل و اورانوس حلقه نبود و حلقه‌ها به محور N منتقل می‌شدند.

پس میان ۵ سیاره آخر نیروی دافعه‌ای ایجاد می‌شود تا هم آنها را در مدارنگاه دارد و هم باعث تولید این حلقه‌ها شوند.

مشتری نمی‌تواند حلقه داشته باشد چون هم خلاء سیاه آن زیاد است و هم تحت نیروی دافعه خورشید قراردارد.

صدا ... چرا سیارات در مدار خود حرکت می‌کنند؟

من ... گفتم هرچه سیاره‌ای از خورشید فاصله بگیرد خلاء سیاه درونش بزرگتر می‌شود پس میزان عکس‌العمل نشان دادن آن و دفع شدن آن سیاره توسط خورشید بیشتر می‌شود. نیروی دافعه مشتری بیشتر از زمین و زمین بیشتر از ناهید و عطارد است ولی کمتر از خورشید می‌باشند و زمین برای اینکه کمبود نیروی دافعه مریخ را جبران کند یک قمر دارد که به دور زمین می‌چرخد و مریخ نیز دو قمر دارد که به نگه داشتن مریخ در مدار خود کمک می‌کنند.

همه سیارات برهم اثر می‌گذارند برای حرکت کردن در مدار اما تنها عطارد است که میان خورشید و ناهید قراردارد. پلوتون نیز هنوز تحت نیروی دافعه تمامی سیارات تا خورشید و خود خورشید قراردارد. پس مسبب حرکت اصلی سیارات به دور خورشید نیروی دافعه است نه جاذبه.

اما نیروی دافعه خورشید حرف اول را می زند برای همین همگی به دور خورشید می‌گردند و این یعنی میزان قدرت دافعه خورشید تا آنسوی پلوتون وجود دارد. البته بعد از پلوتون نیز سیارات کشف نشده ای هستند که باعث تقویت ماندن پلوتون در مدارش می‌شوند تا آنکه به مدار خنثی می‌رسیم.

خلاء سیاه هر سیاره‌ای باعث می‌شود که جاذبه‌ای ایجاد شود و همگی بتوانند به دورخود بچرخند.

حرکت زمین به دور خورشید بر طبق چرخش خورشید به دور خوداست و ماه نیز بر طبق همین جهت به دور زمین می‌گردد ولی جهت چرخش زمین به دور خود برعکس جهت چرخش زمین به دور خورشید است. چرا؟

اول باید از خود بپرسیم اگر این جهت چرخش بر طبق جهت چرخش زمین به دور خورشید بود چه می‌شد؟

اگر این گونه بود آنقدر سرعت چرخش زیاد می‌شد که روزها و ماه‌ها بسیار کوتاه می‌شدند ولی اگر این جهت برعکس باشد باعث می‌شود سرعت زمین به دور خود درحد نرمال و ایده آل برای ساکنانش بشود. خلاء سیاه زمین با خلاء هیچ ارتباط جاذبه ایجاد می‌کند و حالت ترمز ایجاد می‌کند که سرعت زمین به دور خورشید را کنترل کند و البته به دور خودش را نیز کنترل می‌کند.

مثال:

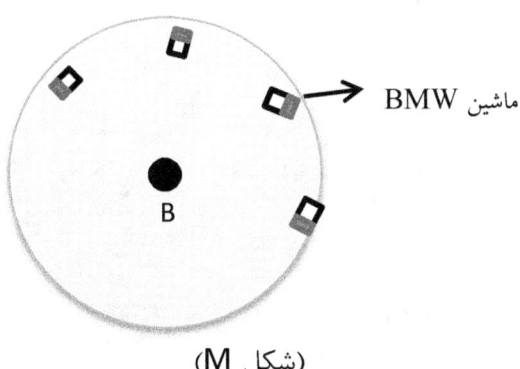

(شکل M)

اگر بر طبق شکل M ماشین BMW به دور محور B با سرعت زیاد بچرخد(در فضای خلاء هیچ) و سپس ترمز بگیرد ماشین برخلاف جهت گردش خود به دور محور B شروع به چرخیدن می‌کند.

خلاء سیاه زمین با خلاء هیچ در ارتباط جاذبه است پس آن را جذب می‌کند و وقتی تحت تاثیر نیروی دافعه خورشید و دیگر سیارات قرار گرفت شروع به مخالفت با آن مسیر می‌کند یعنی مسیر زمین به دور خورشید و به اصطلاح ترمز می‌گیرد و حالت چرخش زمین به دور خود را پدید می‌آورد ولی چون نیروی دافعه که از دو طرف به زمین وارد می‌شود بسیار زیاد است این ترمز باعث ماندن و ایست کامل زمین نمی‌شود بلکه فقط جهت چرخش آن عوض می‌شود. در حقیقت چرخش خورشید و چرخش زمین همانند دو چرخ دنده بزرگ و کوچک هستند که وقتی چرخ دنده بزرگ به سمت چپ می‌چرخد چرخ دنده کوچک را بر خلاف جهت چرخش خود می‌چرخاند یعنی به سمت راست.

اگر واقعا سیاره ناهید برعکس جهت بقیه سیارات به دور خود می‌چرخد علتش چیست؟

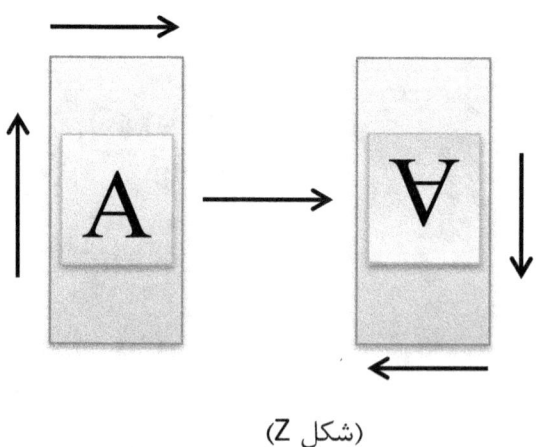

(شکل Z)

اول باید بگویم نیروی دافعه مشتری و زحل و اورانوس و نپتون باعث کج شدن مدار چرخش این پنج سیاره آخر شده است. زحل و اورانوس و نپتون جهت

چرخششان کمی تغییر کرده (به دور خود) ولی پلوتون کاملا از مدار سیارات خارج شده در مدار ۱۷ درجه قرار گرفته است.
اگر واقعا ناهید برعکس دیگران به دور خود می‌چرخد پس حتما به خاطر نزدیکی به خورشید و داشتن خلاء سیاه بزرگتر از عطارد تحت دافعه شدید خورشید قرارگرفته که این سیاره را کاملا برعکس کرده است برطبق شکل Z. اما ناهید از مدار خارج نمی‌شود چون در جاذبه با خلاء هیچ است.
صدا ... چگونه سیاه چاله‌ها بوجود می‌آیند؟
من ... گفتیم درون هر سیاره و ستاره ای خلاء سیاه وجود دارد. اما هنوز در قفس اسیر است و نمی‌تواند بیرون بیاید اما اگر این سیاره منفجر شود این خلاء سیاه آزاد می‌شود و تبدیل به سیاه چاله می‌شود. و اول به خود خواری روی می‌آورد و وقتی خودش را بلعید از نزدیکترین سیاره یاستاره شروع به بلعیدن می‌کند و به اصطلاح: هم نوع خواری می‌کند.
هر سیاره یاستاره‌ای درونش فشرده‌تر است تا بیرونش. خلاء سیاه درون فاقد نور و هواست. خلاء سیاه وقتی با خلاء هیچ ارتباط جاذبه برقرار می‌کند در حکم ترمز ABS عمل کرده و سیاره را در مدارش نگاه می‌دارد وباعث چرخش به دور خود می‌شود و البته باعث چرخش خورشید به دور خودش هم می‌شود.
صدا ... آیا اگر خلاء سیاه درون سیاره یا ستاره نبود باز در هوا معلق می‌شدند؟
من ... بله شرط ماندن و چرخش هر سیاره یا ستاره‌ای در خلاء هیچ داشتن خلا سیاه می‌باشد. اما اگر خلاء سیاه نباشد همانند شهاب سنگ در فضا سردرگم می‌شدند.

راز افتادن سیب

قانون جذب:

تو آن چیزی را جذب می‌کنی که خواهان آن هستی جذب کردن یعنی خواستن و بدست آوردن: محصول شکرگزاری ست ازآنچه تا کنون بدست آورده‌ای.

سیاه چاله و خلاء سیاه در حقیقت یک عمل را انجام می‌دهند، اما یکی آزاد است و دیگری دراسارت.

سیاه‌چاله: خلاء هیچ را با هر آنچه در آن است می‌بلعد و خلاء سیاه در آرزوی به دست آوردن خلاء هیچ است برای همین فقط می‌تواند آنرا به سمت خود جذب کند.

خلاء هیچ چیست؟

خلاء هیچ یا خلاء فضا: دارای انرژی و نیروست و خلاء سیاه و سیاه چاله این خلاء هیچ را جذب می‌کند. خلاء سیاه درون سیارات باعث می‌شود خاک و سنگ‌ها بر آن سیاره بچسبد اما نمی‌تواند باعث افتادن سیب شود. اما در زمین سیب سقوط می‌کندچون هوا وجود دارد.

ادامه بحث مثلث برمودا: تونل خلاء برمودا

چون چرخش سیاه چاله به دور خود است پس هرچه را جذب می‌کند بصورت چرخشی آنرا می‌بلعد همین موضوع هم در خلاء سیاه درون زمین وجود دارد. برای همین حرکت تونل مثلث برمودا یا تونل خلاء برمودا بصورت چرخشی است و همه چیز را بصورت چرخشی می‌بلعد.

وقتی روزنه‌ای یا شکافی در زیر مثلث برمودا بر کف اقیانوس اطلس ایجاد می‌شود توسط انفجارهای درون هسته زمین و تاثیرپذیری دامنه آن توسط

خلاء سیاه درون زمین، از خلاء سیاه تا به آسمان فضائی ایجاد می‌شود بنام تونل خلاء برمودا که بصورت چرخشی همه چیز را در خود می‌بلعد. اما زمان ایجاد مثلث برمودا زمانی ست که دقیقا در زیر این مثلث بر کف اقیانوس این شکاف ایجاد شود توسط انفجارهای درون هسته زمین.

دراین تونل: عقربه‌های قطب نما درحال چرخیدن هستند چون نمی‌توانند جهت درست را دراین خلاء تونل تشخیص بدهند.

صدا ... اگر در آسمان فقط زمین بود چه می‌شد؟

من ... چون زمین دارای خلاء سیاه است پس با خلاء هیچ در ارتباط می‌بود پس سر جای خودش ثابت می‌ماند اما در چرخش نبود.

زمین کروی شکل است پس از هر طرف خلاء هیچ را به یک اندازه جذب می‌کرد پس نه سقوط می‌کرد و نه صعود می‌کرد و حول هیچ مداری نمی‌چرخید خلاء سیاه باعث چرخش سیارات می‌شود و خلاء هیچ باعث سقوط نکردن سیارات می‌شود.

صدا ... پس چگونه ماشین آلات انسان می‌تواند بر سیارات دیگر حرکت کند؟

من ... اگر هوا نباشد سقوطی هم شکل نمی‌گیرد اما چون خلاء سیاه در همه سیارات هست و خلاء هیچ دراطراف همه آنها وجود دارد پس خلاء سیاه، خلاء هیچ را تا بر روی همه سیارات و ستاره‌ها به جز زمین جذب می‌کند.

پس میزان مصرف انرژی برای بلند شدن از سطح سیاره تا به آسمان برای هر سیاره‌ای متفاوت است. اما برای زمین چون هوا وجود دارد بیشتر است.

اگر خلاء هیچ تا برروی سطح سیارات و ستاره‌ها قرار بگیرد پس میزان جاذبه خلاء سیاه درونشان برای جذب هرآنچه بر سطح آنان نشسته است بیشتر می‌شود پس اگر سیاره بزرگتر باشد این جاذبه بزرگتر می‌شود. اما در زمین این گونه نیست چون هوا میان این دو خلاء فاصله انداخته است. فضانوردان برای فرود بر ماه نیاز به مصرف کردن انرژی دارند و برای بلند شدن نیز نیاز به انرژی

دارند اما هرچه سیاره بزرگتر باشد نیروی مصرفی آن بیشتر می‌شود. در همه سیاره‌ها اگر کسی راه می‌رود هم برای بلند کردن پا و هم برای پائین گذاشتن پای خود باید انرژی مصرف کند.

اگر سیب را در فاصله یک متری هر سیاره(به جز زمین) رها کنی سقوط نمی‌کند. یا میزان سرعت سقوطش بسته به تراکم جو آن کم یا زیاد است.

صدا ... عکس العمل هوا در خلاء چگونه است؟

من ... اگر یک توپ پر باد بسکتبال را در خلاء هیچ رها کنی کم باد می‌شود اما بی‌باد نخواهد شد.

خلاء، هوا را متراکم‌تر می‌کند و این موضوع باعث فشرده شدن هوا در اطراف زمین می‌شود. میزان ارتفاع لایه ازن تا سطح دریا به میزان جاذبه خلاء سیاه زمین با خلاء هیچ ارتباط مستقیم دارد.

صدا: آقای کوراوند لطفاً در مورد حلقه‌های محورهای M وN توضیح دهید.

من: بله حتماً ما بین مشتری و مریخ حلقه‌هائی است از سیارک‌های کوچک از جنس فلز و سنگ که دور تا دور خورشید را گرفته است و ۴ سیاره اول را از۵ سیاره دوم جدا می‌کند.

میزان دافعه خورشید بر عطارد از همه سیارات بیشتر است و بر پلوتون از همه کمتر. اما می‌توان گفت بر هر سیاره‌ای بسته به فاصله آن تا خورشید و میزان خلاء سیاه آن متفاوت است.

میزان دافعه ما بین سیارات برابر است با فاصله هر کدام تا خورشید + میزان خلاء سیاه در آنان، زمین یک ماه دارد، مریخ ۲ عدد، مشتری ۶۶ عدد - زحل ۶۲ عدد- اورانوس ۲۷عدد ، نپتون ۱۳ عدد و پلوتون ۵ عدد ماه دارند.

نقش ماه و تعداد آنها در هر سیاره برای ماندن آن در مسیر مدار شکل خورشید حیاتی ست. حلقه میان مشتری و مریخ را به نام محورM و حلقه بعد از پلوتون

را به نام محور N می‌نامم و این حلقه‌ها همان حکم حلقه های دور زحل و اورانوس را دارد.

برد مفید خورشید تا حلقه M است یعنی تامیان مشتری و مریخ اما فاصله مریخ تا خورشید ۲۲۸ mk (میلیون کیلومتر) می‌باشد و فاصله مریخ تا مشتری ۳۳۰ mk است.

میزان قدرت دافعه یک سیاره یا ستاره همانند میزان قدرت دست یک انسان می‌باشد که می‌تواند یک سنگ را مثلا تا ۶۰m پرتاب کند ولی پس از آن سنگ سقوط می‌کند.

در فضا میزان قدرت دافعه خورشید تا میان مشتری و مریخ، برد مفید و تابعد از پلوتون: برد اخر خود را دارد و باعث تولید محور M و محورN می‌گردد.

نقش بزرگی خلاء سیاه مشتری برای زحل، اورانوس، نپتون حیاتی است.

زیرا آنقدر بزرگ هست که بتواند هم جبران دوری خورشید را بکند وهم باعث ایجاد حلقه‌های زحل واورانوس بشود و البته درکج شدن مدار چرخش اورانوس و زحل نیز نقش مهمی دارد. اما نمی‌تواند همان تاثیری را که نیروی دافعه خورشید بر ۴ سیاره اول می‌گذارد بر ۵ سیاره بعدی‌اش بگذارد. تا بتواند تمام حلقه های زحل و اورانوس را به محور N دفع کند.

خود حلقه‌های M و N دارای خلاء سیاه هستند چون تحت تاثیر نیروی دافعه خورشید هستند، پلوتون نیز دارای قمرهائی است تا بتواند در این مسیر خود به دور خورشید بچرخد.

من: لطفاً اجازه دهید برگردم به صحبت های قبلی‌ام.

شکل مدار گردشی عطارد و پلوتون با بقیه سیارات متفاوت است. اولی تحت تاثیر نیروی عظیم خورشید به مدار ۷° پرتاب شده است ودومی از سمت همه سیارات + خورشید دفع می‌شود و به مدار ۱۷° درجه پرتاب می‌شود. وقتی از

دوطرف بر یک سیاره فشار وارد شود و حتی از یک طرف: آن سیاره به واسطه این نیروی دافعه به سمت بالا پرتاب می‌شود.

و برای همین عطارد سرعت و نوع مدارش با بقیه متفاوت است. همچنین سرعت و مدار پلوتون نیز با بقیه متفاوت است.

پلوتون کوچکتر از عطارد است اما تحت تاثیر نیروی دافعه عظیم خورشید تا نپتون قراردارد.

و برای همین این نیروی دافعه آن را بلند می‌کند تا در مدار ۱۷ درجه بچرخد. هرچه به خورشید نزدیکتر شویم سرعت سیارات کمتر می‌شود و تحت تاثیر نیروی دافعه بیشتری از سمت خورشید و سیارات دیگر قرار دارد.

صدا: آیا در هر سیاره یا ستاره ای امکان زلزله هست؟

من: بله هست چون درون هر کدام آنان: خلاء سیاه وجود دارد و درون هر کدام آن‌ها یعنی در هسته مرکزی آنها مواد مذاب + گازها وجود دارد. پس امکان زلزله درهمه سیارات و ستاره ها هست اما فقط در زمین و خورشید آتش فشان عمل می‌کند.

هرچقدر از خورشید دورتر برویم میزان سرعت در مسیر مدار شکل سیارات به دور خورشید بیشتر می‌شود. فاصله مشتری تا مریخ برابر ۳۳۰ mk می‌باشد و مریخ تا خورشید ۲۲۸ mk است جرم مشتری به تنهایی ۲/۵ برابر جرم تمام سیارات این منظومه است.

پس میزان خلاء سیاه درون مشتری بسیار بیشتر است تا بقیه سیارات.

از آن طرف میزان دافعه خورشید بر مشتری زیاد است تا مشتری بتواند در مدار خود به دور خورشید بگردد.

میزان دافعه خورشید بر مریخ هم بسیار زیاد است تا میزان دافعه مشتری بر آن برای همین مریخ دوماه دارد که به آن کمک می‌کند مریخ در مدار بماند وحرکت کند.

این نیروی دافعه مشتری و خورشید است که باعث حرکت مریخ می‌شود البته نیروی دافعه بقیه سیارات هم بی‌تاثیر نیست و برای ثابت ماندن در این مدار نیاز به دوماه دارد یک ماه کم و ۳ ماه برایش زیاد است.

اگر مریخ بزرگتر از زمین باشد دو حالت پیش می‌آید یا زمین برای ماندن در مسیر مدار شکل به دور خورشید و البته به دور خودش نیاز به چندین ماه داشت که فصل‌ها و ساعت‌ها و روزها تغییر می‌کرد و یا نیروی دافعه آن بر زمین اثر منفی می‌گذاشت و زمین را از داشتن ماه بی‌نصیب می‌کرد و چقدر زمین بدون ماه دارای کمبود می‌شود.

پس تعداد قمرهای هر سیاره دقیقا همان است که باید باشد و هر چقدر فاصله آن‌ها تا خورشید بیشتر شود و خلاء درونشان متغیر شودنیاز به ماه برای آنان ضروری است.

تعداد قمرها به فاصله سیاره تا خورشید و میزان حجم سیاره و خلاء سیاه آن مربوط می‌شود.

صدا: آقای کوراوند عملکرد دقیق این خلاء سیاه چیستَ؟

من:

۱) با ایجاد نیروی جاذبه نسبت به خلاء هیچ باعث گردش سیاره به دور خودش می‌شود.

۲) با ایجاد نیروی دافعه نسبت به سیارات و ستاره‌ها باعث حرکت درمداردورخورشید می‌شود.

۳) نیروی دافعه ما بین ماه و سیارات ایجاد می‌کند تا بتواند در مسیر بهتر حرکت کند.

۴) نیروی جاذبه ایجاد می‌کند تا هر آنچه بر سیارات نشسته را جذب کند.

۵) نیروی فشار ایجاد می‌کند تا هسته زمین را تحت فشار قرار دهد.

۶) در زمین باعث ماندن هوا بر سطح زمین می‌شود.

راز افتادن سیب

۷) علت و منشأ مثلث برمودا و زلزله و آتشفشان است.
۸) جذب کننده نور خورشید و ماه است.

من : حضار:گرامی انسانی که درونش بد اندیش است بدی را جذب می‌کند و انسانی که درونش مثبت‌گراست خوبی را جذب می‌کند. هرچه بخواهی به تو عطا می‌شود نه هر چه بگوئی.

خلاء سیاه خلاء هیچ را می‌خواهد و آنرا طلب می‌کند و جذب می‌کند.

مثال: اگر یک سنگ را در آب بیندازیم چندین دایره و حلقه ایجاد میکند به تعداد و فواصل منظم و این حلقه ها توسط نیروی دافعه بر خورد سنگ با آب پدید می‌آیند نه نیروی جاذبه سنگ. نیروی جاذبه نمی‌تواند حلقه بوجود بیاورد بلکه حلقه ها را نابود می‌کند.

صدا: اگر نیروی جاذبه بین خود سیارات و بین سیارات و خورشید باشد چه می‌شود؟

نیروی جاذبه تا آنجایی عمل می‌کند که همجنس سیاره یا ستاره خود باشد و خارج از این جسم عمل نمی‌کند. پس اگر لوله‌ای را از هوا خالی کنیم کل فضای درون لوله در حیطه کار و قلمرو جاذبه قرار می‌گیرد و سقوط مساوی حاصل یکسان عمل کردن نیروی جاذبه است.

اگر خورشید نیروی جاذبه داشت و می‌توانست از سطح خود فراتر رود، هرگز مداری شکل نمی‌گرفت و همگی به سمت خورشید جذب می‌شدند. چون هیچ چیزی ممانعت نمی‌کرد و نمی‌توانست ممانعت کند از ورود آنان به خورشید. حرکت سیارات در مدار به خاطر نیروی دافعه است نه جاذبه.

جاذبه همه را در خورشید نابود می‌کند. نیروی جاذبه خورشید آن قدر عظیم است که سبب گردش خورشید به دور خودش می‌شود حال چگونه نمی‌تواند عطارد را جذب کند. اگر جاذبه هست پس چه نیروئی عطارد را می‌چرخاند و

۹۶

چه نیروئی ممانعت می‌کند. از چسبیدن عطارد به خورشید؟ سقوط اجباری و صعود اختیاری است، جاذبه به جبر است و دافعه به اختیار.
فقط نیروی دافعه است که باعث می‌شود سیارات در مدار باقی بمانند با کمک گرفتن از قمرها و جاذبه خلاء سیاه با خلاء هیچ
حضار گرامی می‌خواهم درمورد دو محور M و N یک توضیح دیگر بدهم:
ما بین مشتری و مریخ حلقه‌ای ست از سیاره‌ های کوچک از جنس فلز و سنگ و محور N که بعد از پلوتون است پر از چیزی شبیه یخ و آب است.
اگر جایی انفجاری رخ دهد تکه‌های سنگ بزرگتر در نزدیک انفجار قرار می‌گیرند و سنگ‌های کوچکتر در مسافت‌های دورتر از محل انفجار، سبکتر ها بیشتر دفع می‌شوند تا سنگین ترها. در ضمن ستاره هرگز بخاطر مذاب بودنش نمی‌تواند منفجر شود که هر تکه‌اش تبدیل به سیاره یا ستاره‌ای دیگر شود. بلکه این سیاره‌ها هستند که منفجر می‌شوند. اگر شهاب سنگ بزرگی به خورشید برخورد کند تبدیل به مذاب می‌شود و هر انفجاری در سطح خورشید دوباره به شکل اولش برمی‌گردد. هر سیاره ای که منفجر شود تبدیل به تکه‌های شهاب‌سنگ می‌شود و نه سیارات دیگر. تازه اگر ستاره‌ای منفجر شود خلاء سیاه درون آن آزاد می‌شود و در تکه‌های آن نمی‌ماند بلکه تبدیل به سیاه چاله می‌شود.
وقتی سنگ را در آب پرتاب کنی حلقه‌های نزدیک‌تر بلندتر هستند.
اما جنس حلقه‌ها چیست و علت وجودشان چیست؟
گفتیم مسیر عطارد در صفحه سیارات در مدار ۷ درجه است و پلوتون در مدار ۱۷ درجه. میزان شدت دافعه خورشید و بقیه باعث رانده شدن عطارد و پلوتون به سمت بالا می‌شود. از آن طرف خلاء سیاه عطارد با خلاء هیچ فضا ارتباط جاذبه می‌گذارد و دو نیروی دافعه سیارات قبلی و خورشید باعث حرکت عطارد در مسیر مدار شکل خودش می‌شوند. پلوتون نیز بر همین اساس در مدارش

می‌چرخد. میزان دافعه خورشید آنقدر زیاد است که محور N را شکل می‌دهد. پس می‌تواند بر پلوتون این اثر را نیز بگذارد.

اما ما می‌دانیم نپتون و اورانوس چیزی شبیه یخ هستند و حلقه محور N نیز از چیزی شبیه یخ پر است پس آیا نیروی دافعه خورشید و سیارات تاثیر گذارتر است تا نور خورشید؟

صدا: آقای کوراوند چرا جهت چرخش ناهید برعکس چرخش بقیه سیارات است؟

من: قبلاً هم گفتم اگر واقعا این گفته شما درست باشد من دلیل آنرا برعکس شدن سیاره ناهید می‌دانم. اگر درجهت راست بچرخد وقتی برعکس (وارونه) شود در جهت چپ می‌چرخد و این موضوع طول شبانه روز را در آن تغییر می‌دهد.

و علتش نیروی دافعه شدید خورشید نسبت به ناهید می‌باشد. خلاء سیاه عطارد و پلوتون از همه سیارات کوچکتر و کمتر است. برای همین کمتر نیروی دافعه خورشید را جذب می‌کنند و این یعنی هرچقدر میزان خلاء سیاه کمتر باشد میزان جاذبه سیاره با خلاء هیچ کمتر است پس میزان چسبندگی سیاره به خلاء هیچ کمتر می‌شود پس نیروی دافعه سیارات+ خورشید، عطارد و پلوتون را بلند می‌کند.

هر که بامش بیش، برفش بیشتر: اگر خلاء سیاه بزرگتر باشد نیروئی که دریافت می‌کند بیشتر است البته نیروی جاذبه‌اش نیز بزرگ‌تر است.

زحل تحت نیروی دافعه مشتری: کج شده‌است و اورانوس و نپتون نیز همچنین البته نقش نیروی دافعه خورشید هم براین کج شدن‌ها: اثر دارد.

اگر نیروی بین سیارات اول با خورشید جاذبه باشد خورشید تمام سیارات را می‌بلعد. ما می‌دانیم در نیروی دافعه است که می‌توانیم چیزی را بگردانیم نه

جاذبه. اگر سنگی را به ریسمانی گره بزنی و بچرخانی، تحت نیروی دافعه می‌چرخد نه جاذبه، اگر جاذبه باشد که سر چرخاننده را می‌شکنند.
مقدار جاذبه بین خورشید و عطارد و عطارد تا پلوتون متفاوت می‌شد و هرچه عقب‌تر می‌رویم این جاذبه کمتر می‌شد. پس نیروی جاذبه کمتر بر عطارد تاثیر می‌گذاشت از سمت سیارات تا خورشید بر عطارد و باز عطارد در این نبرد شکست می‌خورد و در خورشید مدفون می‌شد. اما در کل نیروی جاذبه قادر به فراتر رفتن از سطح سیاره یا ستاره نمی‌باشد.
نیروی جاذبه درهر سیاره‌ای بسته به بزرگی آن متفاوت بود. نیروی خورشید در یک جا متمرکز است اما نیروی سیارات در کل این مدارها تقسیم شده است.
تازه اگر همه را روی هم در یک جا بگذاری: باز نیروی جاذبه خورشید پیروز می‌شد و همه منظومه نابود می‌شدند.
نیروی جاذبه همانند سیاه چاله عمل می‌کندو همه چیز رادر خود می‌بلعد اما نیروی دافعه است که پرتاب می‌کند و دور نگاه می‌دارد. ما نمی‌توانیم منظومه شمسی را حاصل انفجار ستاره بدانیم چون ستاره هرگز منفجر نمی‌شود. اما سیاره منفجر می‌شود و خلاء سیاه آن آزاد می‌شود و سیاه چاله را به وجود می‌آورد و تکه‌هایی از این سیاره به نام شهاب سنگ تولید و آزاد می‌شود. حاصل انفجار یک سیاره، آزاد شدن خلاء سیاه آن است که به نام سیاه چاله حتی می‌تواند نور را جذب کند چون خوراکش انرژی است و اگر سیارات یا ستاره‌ای را می‌بلعد به خاطر انرژی آن است.
شهاب سنگ دارای خلاء سیاه نمی‌باشد برای همین در جهان سر در گم خواهند بود و می‌توانند به سیارات و ستاره ها برخوردکنند. پس جنس محور M از سیاراتی می‌باشد که دارای خلاء سیاه هستند.

و اگر نیروی جاذبه، مابین سیارات باشد خورشید آنقدر نیروی جاذبه‌اش قوی است که همگی سیارات را با هم می‌بلعد چون جرم خورشید برابر تقریباً ۹۹/۸۶ درصد کل منظومه است.

اما در دافعه این گونه نیست و همگی سیارات به عقب رانده می‌شوند و باعث حرکت آنها می‌شود. اگر نیروی جاذبه بود محورهای M و N تشکیل نمی‌شد. حلقه‌های زحل و اورانوس نیز تشکیل نمی‌شد.

زمین در بهترین و دقیق‌ترین مکان قرارگرفته با یک ماه و حجم دقیق خودش و این نمی‌تواند حاصل انفجار باشد بلکه حاصل دست‌های آفریدگار من است.

نیروی جاذبه هرگز نمی‌تواند مدار سیارات را شکل بدهد. امواج آب، امواج صوتی و تخریب انفجار همگی از قانون دافعه تبعیت می‌کنند.

چون طول مدار گردش عطارد کمتر از بقیه است پس نزدیک‌ترین است به خورشید و سرعتش از همه سیارات کمتر است.

محورهای M و N همانند سپرهائی از تمامی سیارات محافظت می‌کند و همانند تارعنکبوت می‌توانند شهاب سنگ‌ها را جذب کرده و مانع ادامه میسر آنان تا مدارهای نزدیک‌تر خورشید می‌شوند.

این محورها همانند زباله‌دانی منظومه عمل می‌کند.

اگر بین زحل و مشتری نیروی جاذبه بود حلقه‌های دور زحل یا جذب مشتری می‌شد یا جذب زحل ... پس فقط نیروی دافعه می‌تواند این حلقه ها را پدید بیاورد.

اشتباه علمی:

یکی از نشانه‌های اشتباه علمی: بن بست بودن مسیر علمی است در شاخه ای خاص.

و دانشمندان شروع می‌کنند به توجیه کردن این بن بست توسط موضوعی مربوط به هزاران سال قبل و رجوع به توهمات و خیالات شخصی و البته به نمایش گذاشتن مدارک و القاب خودشان.

مسیر علم همانند زنجیر به هم متصل است ما بین اعداد ۱ تا ۱۰ ... حتما ۲ تا ۹ هم وجود دارد اگر چه نمی‌بینی- اگر ۱ را دنبال کنی حتما همگی اعداد را خواهی دید تا بتوانی به عدد ۱۰ برسی.

سرعت سیارات:

میزان دافعه خورشید بسیار بالاست. هر سیاره که به خورشید نزدیکتر باشد سرعتش کمتر است و هرچه عقب تر برویم هم مقدار مسافت مدارها بیشتر می‌شوند و هم سرعت سیارات آن مدارها بیشتر.

برای همین داشتن قمر به سیارات بسیار کمک می‌کند تا در مدارشان بمانند.

من: حضار گرامی در آخر می‌خواهم کمی از عرفان خداوند بگویم.

شباهت راز خلقت جهان هستی اطراف ما با خلقت درون انسان برای آنکه آخر این جهان هستی را پیدا کنی بایداز زمین جدا شوی و به پیش بروی و به دل فضا سفر کنی. پس باید از اول شروع کنی. اما برای یافتن درون انسان: باید از آخر شروع کنی.

ما کامل شده درون انسان را داریم و آغاز شده جهان هستی را پس به عمق درون بدن وارد می‌شویم و اگر بخواهیم وارد جهان هستی شویم باید از ابتدا یعنی از زمین شروع کنیم.

زمین برای ما: مبدا آغاز حرکت به سوی جهان هستی است.

ورود به جهان هستی از اول به آخر است همراه با طی کردن زمان و گام نهادن و حرکت کردن در دل سما، ولی ورود به جهان درون بدن انسان از آخر به سمت اول است اما همراه با دیدن ولی زمان بی‌معنا می‌شود چون به عمق سمای درون بدن حرکت می‌کنیم.

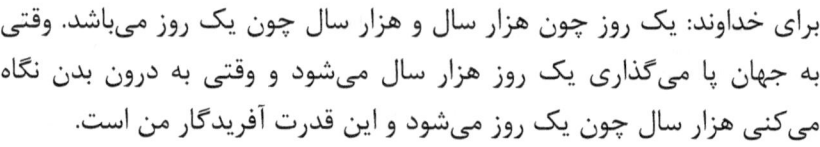

برای خداوند: یک روز چون هزار سال و هزار سال چون یک روز می‌باشد. وقتی به جهان پا می‌گذاری یک روز هزار سال می‌شود و وقتی به درون بدن نگاه می‌کنی هزار سال چون یک روز می‌شود و این قدرت آفریدگار من است.

هرچه در آسمانها و فضای کهکشان‌ها می‌بینی در بدن تو نیز هست.

در فضا اول راه هستی اما در مقابل بدن انسان در پایان راه.

تو خود در میان آغاز و پایان قرار گرفته‌ای... ای انسان.....

اگر بر روی یک سلول زندگی کنی چه میبینی؟ آخر جهان تو هستی و خودت آغاز جهان هستی.. تو آغاز و پایانی..... اما خدا نیستی بلکه مخلوق آفریدگار من هستی و البته نیازمند محبت او ...

انسان: اول و آخر خلقت خداست. آغاز و پایان راه خداست. انسان اشرف مخلوقات خداست.

در جهان هستی فضا باید صعود کنی و در جهان هستی درون باید نزول کنی. هر که از خود گذشت راز جهان را یافت و هرکه به دنبال مَن رفت آنچه داشت را از دست داد.

درون بدن انسان به عمق سماست و هر آنچه ببینی در سماو فضا .... در خود تو نیز هست امابه عمق سماست.

گنج حضورم را یاب:

راز بگـویم تو را هرچـــه ببینی درون

عین همـان در برت هرچه ببینی سمـــاست

عشق بُوَد راز آن هرچه بُوَد در جهان

کوچک ان در توبود لیک به عمق سماست

عقل من و هوش من رو به بزرگی نهد

غافل از آنکه درون خود ز بزرگی خداست

گرز خودت غافلی رو بنمـــائی و را

رو به درونت بنه از همــه عالـــم تو راست

برگرفته از کتاب شعر گنج حضورم رایاب . اکبر کوراوند

پس نیازی نیست به دنبال آخر جهان هستی بدوی .... آنچه هست را بیاب. آخر جهان، شبیه توست. خود ز جهان پر هستی و تو به دنبال جهان ... به دنبال چه می‌گردی؟

خودت را بیاب چه هستی؟ کجائی؟ که هستی؟ هدفت چیست؟ به کجا خواهی رفت؟ آنچه بر جای می‌گذاری چیست؟

انسان اشرف مخلوقات است و خداوند از این آفرینش خشنود... پس چگونه خود را با میمون مقایسه می‌کنی؟ تو به خودت و جهان هستی و خالق هستی توهین می‌کنی.

یافتن خویشتن دوای درد توست و فراموش‌کردن خویشتن آغاز دردهای بسیار توست. آنکه خود را نشناخت به دیگری می‌چسبد و آن را می‌طلبد و چه خوش گفت شاعر....

و آنچه خود داشت ز بیگانه تمنا می‌کرد.

و اینگونه مروارید در حسرت ..... صدف بودن..... غمگین است.

خود را بشناس ارزش تو در دستان لقب نیست بلکه در گرو یافتن خویشتن است. هرچه در عمق نزول کنی باز هست و خواهد بود تا ابد.

خداوند انسان را به شباهت سما آفرید نه به شباهت حیوان، فقط شیطان است که بدنبال جدائی انسان از درون خویش است تا خالقش را نشناسد و طلب

راز افتادن سیب

نکند. خود را بیاب و بشناس و گرنه همان کورمادرزادی خواهی بود که رنگین کمان را درک نمی‌کند اگر چه جسم ها را لمس کند.
ای خداوند !
راز صعودم توئی خوش که سقوطی کنم
تا زسر عشق تو باز صعودی کنم
آمین

پایان جلسه دوم:

من در جلسه سوم حضور پیدا نکردم اما دو شعر از کتاب خودم را برایشان فرستادم. شعر نامه عشق و حلقهٔ هیچ

حلقه‌ی هیچ

هیچ به دنیا شدی هیچ ز دنیا روی
البس تو یک بُود چون به کفن ها روی
وقت شدن پیچه ای با همه آن تار و پود
تا که روی کی بُود کز همه دنیا بَری
یاد بده کودکت هیچ کند مقصدش
هیچ بُود بِهْ ز آن تا همه دنیا خَری
آنکه بگردد در این عالم شک‌ها رها
گر همه دنیا بَرَد هیچ نداند رهی
ره بُود آنگه که تو هیچ خری از همه
هیچ بُود تاج تو گَربه خدا رو کنی
جان اگر از دایره راهی مقصد شوی
عاقبتت آن شود آنچه ز آن ره شدی
گر تو به رودی شوی این ته آن را نگر
آب بُود زندگی جان نبُود تیرگی
آنکه زلالش بُود هادی یا رب بُود
تیرگی‌ات وا نما ای به دلت حیله‌ای
آنکه ز یا رب بُود هیچ بُود نزد او
هیچ بُود پادشاه برتر دنیا شوی

هیچ به دنیا شده این تن عریان تو
کودکی‌ات شَه بُود نزد بزرگان توئی
هیچ بدنیا شده هیچ ز دنیا بُود
گر همه دنیا بَری کم کند از هیچِ ای
راز بگویم تو را بر همه دنیا دلا
حلقه هیچت بگیر آن دگرا پوچه‌ای
نزد خدا آن بُود بهتر و سرور همی
هیچ بُود تا شود سرور عالم دمی
راز بزرگی بُود در همه دنیای تو
پر که شود گنج تو پادشه بانه‌ای
او که بُود برتر از این همه گنج زمین
هیچ بُود آنکه جز رب نکند همدمی
رو بنما بر سما دل بکَن از غیر او
نزد خدا هیچِ تو، بهْ ز دو عالم شدی
جان، تو عزیز دلش تا که شدی شاهدش
او بنهد بر سرت تاج دو عالم بسی
نیک ببخشا ز دل هر چه گدایش شدی
این بُودت برترت هیچ بُود زندگی

نامه‌ی عشق

نامه عشق از کجا قیمت عشق بی بهاست

این دل تو جای او مقصد او در خداست

دیده تو عاجز و لمس تو هرگز نشد

راست بگفتا خدا عشق ز دنیا رهاست

گر چه بدنبال او طی بکنی هر سما

عاجز و درمانده‌ای این ره تو جان خطاست

گر تو بخواهی شبی مست دو عالم شوی

عشق بَرد هوش تو، هوش به نزدش بلاست

در ره یا رب نما حکمت و هوشت رها

این همه ترسی چرا قاضی عالم خداست

عشق بُود حاله‌ای در همه دنیا ولی

آنکه بُرد این طناب در دل یا رب رهاست

لیلی و مجنون ما کِی تو کُنی یاد ما

جان چو گدا گشته ام کوی گدایان کجاست

گر به دلم رو کنی قفل بُود خوان او

گر همه جاها ز تو، قفل ز ما ها رهاست

عشق کند یاد تو در همه بوم و رهی

باز نما راه او مقصد یا رب سماست

سرد بُود جسم من گر چه در آتش بُود
این غم هجران تو سوخت مرا آب کجاست
گر به خطا می روم بت بشکن بت شکن
قلب من از آن او قلب شکستن خطاست
قلب مرا عشوه ای جان تو مزن تیشه ای
جام میام مال تو تشنه آب صفاست
جان تو چرا بسته‌ای پای مرا در قفس
عشق نماند قفس عشق ز زندان رهاست
دور شو از کوی ما ای سیهِ دل کُشا
من نفروشم خودم قیمت من باخداست
ترس مرا پر شود گر نکنی سوی ما
نزد تو هر مرده ای از غم مردن رهاست
عشق نما تکه ام تا به تو هر تکه ام
رقص کند پا به پا چونکه به هر دم سماست
غم که نصیبت شود علت آن درتو بود
گر غم تو یاربت خوش که خدا در تو جاست
وای چه خستم شده از گذر این زمان
نزد تو هر تشنگی خنده شود چون صفاست

من که نصیب زمان این قلم و دفترم
چون که نویسم تو را گنج شود چون بهاست

خوش که به کُنجی روم آه بمانم در آن
تا به ابد نزد رب چون غم دنیا فناست

کاش نبینم کسی تا که ببینم تو را
شاه بیا نزد من بند ز رویت جداست

مرهم ما می شوی مقصد ما شانه ات
راه به پایان رسید مقصد و پایان خداست

شاه، خدایی کند گر ز تو دورش بُود
شاه فنا می‌شود گر همه تختش طلاست

شاه گدایی کند نزد گدا شاه تو
گنج به نانی دهد بهر دو عالم شفاست

ساقی بت‌ها بُود آنکه ز کویت جداست
ساقی و جامت منم این میِ نابت کجاست

روح بگیرد تو را جسم بَرد امر تو
راه نشانش بده هر چه بگویی رواست

حکم نما یاربم حکم دلم جای توست
امر نما بر رهم هرچه بخواهی رواست

چشم ببندم دگر گر بنشینی بَرم
گوش شوم بهر تو گر همه عالم نداست
خواهش هر عاشقی دیدن معشوق اوست
عشق کند مست تو مستی دنیا خطاست
مست کند بهر تو گر بنهد این کُلَه
نزد خدا سر دهی این کُلَه آنجا فناست
عشق کند مست تو تا به صلیبت کشد
خوش که صلیبت کند جای تو اکنون خداست
عاشق لیلی بُود از همه عالم رها
لیلی او گر تویی قبله او هر کجاست
گر تو به عاشق رسی عشق ببویت رسد
جان به گلستان رها او که در این ماجراست
حرف دل عاشق است تا که رسد لیلی‌اش
لیک نخواهد ز او بلکه دهد جان به خواست
راز دل عاشقان این بُود ای جان دل
عشق بُود برتر از لیلی او چون بهاست
ارزش لیلی بُود عشق دل عاشقش
عشق نباشد به جا لیلی و مجنون فناست

راز بگویم تو را هر چه ببینی درون
عین همان در بَرَت هر چه ببینی سماست
عشق بُود راز آن هر چه بُود در جهان
کوچک آن در تو بود لیک به عمق سماست
عقل من و هوش من رو به بزرگی نهد
غافل از آن که درون خود ز بزرگی خداست
گر ز خودت غافلی رو بنمایی ورا
رو به درونت بنه ازهمه عالم توراست
گر تو ببینی خودت خسته و لنگان رها
گنج درونت بُود این طمعت نابه‌جاست
سر ز خطا وا بکن اکبر عالم یقین
عالم تو او بُود عالم دیگر بلاست
ماه خدایی کند بر همه شب تا سحر
وقت سحر روز بُود خالق آنچه به پاست
آنکه تو را افضل است خالق بی تا بود
دور نما از خودت آنچه درونت خطاست
او کُندت عاقبت بام بر این ساز خویش
او بنماید رُخت عالم شکها به راست

صبر بُود طاقتت او که نهد عافیت
یا رب عالم بُود او به یتیمان اباست

گر به دو راهی رسی راه نمایان شود
جان نبُود راه او سیم و زر از او جداست

راه خدا آن بُود خسته شوی بهر آن
گر تو به لذت روی راه خدا زین رهاست

اشک به دیدش رود آن که خدایش رود
او که خدا در دلش خسته ز خواب و غذاست

چشم فرو بند و گو دیده بینا بده
او که بداند رهت هر چه بگوید قضاست

گر به رهت پا نهی بر همه سنگ های دل
این همه سنگت دلا پله عرش خداست

او که به دنیا رسد سجده کند هر که را
سجده‌ی یا رب بُود عرش خدا را لواست

دیگر آثار مجموعه «مرغ من، بهترین غاز دنیاست»

۱- غواصان در خاک زنده اند
- رمز آسمانی، دل را به خدا سپردن است.
- راز لبخند بر لبان شهید، یقین داشتن اوست به هدف.
- پشتت را بر ایمان مستحکم خویش ببند، تا تکیه گاه هزاران شوی.

۲- مرغ من بهترین غاز دنیاست
- ای خداوند، تو تنها داشته ای هستی که با آن تمام نداشته هایم، بی معناست.
- آن که هستی را از نیستی آفرید، نیز می تواند هستی های درد آورت را به نیستی بفرستد.
- بهتر است که همه ی انسان ها از تو ناامید بشوند و از تو جدا شوند، اما تو از خدا جدا نشوی.

۳- کلینیک شادی و آرامش
- فتح سرزمین های بسیار، حاصل حرکت کردن گام های توست، نه لب های تو
- اعتماد به خدا، کوه ها را کوچک نمی کند، بلکه بالا رفتن از آن را آسان می سازد.

سپاسگزارم
ای آفریدگارم
ای محبوب من

akbar.kouravand@gmail.com

کتاب دیگری از این نویسنده

برای تهیه کتاب ها از آمازون یا وبسایت انتشارات می توانید بارکدهای زیر را اسکن کنید

kphclub.com

Amazon.com

Kidsocado Publishing House
خانه انتشارات کیدزوکادو
ونکوور، کانادا

تلفن : ۸۶۵۴ ۶۳۳ (۸۳۳) ۱+
واتس آپ: ۷۲۴۸ ۳۳۳ (۲۳۶) ۱+
ایمیل: info@kidsocado.com
وبسایت انتشارات: https://kidsocadopublishinghouse.com
وبسایت فروشگاه: https://kphclub.com

چند کتاب پیشنهاد سردبیر انتشارات برای شما

برای تهیه کتاب ها از آمازون یا وبسایت انتشارات می توانید بارکدهای زیر را اسکن کنید

kphclub.com

Amazon.com

Kidsocado Publishing House
خانه انتشارات کیدزوکادو
ونکوور، کانادا

تلفن : ۸۶۵۴ ۶۳۳ (۸۳۳) ۱+
واتس آپ: ۷۲۴۸ ۳۳۳ (۲۳۶) ۱ +
ایمیل: info@kidsocado.com
وبسایت انتشارات: https://kidsocadopublishinghouse.com
وبسایت فروشگاه: https://kphclub.com